아하! 바이블 큐브

시즌 3

아하! 바이블 큐브를 소개합니다

그리스도인은 기독교 신앙의 근본이 되는 내용, 곧 창조주 하나님, 구원자 되신 예수 그리스도, 보혜사 성령에 대한 확신의 근거를 성경에서 찾습니다. 그래서 기독교를 '책의 종교'라 부르고, 그리스도인을 '성서를 사랑하는 사람'이라 칭합니다.

그리스도인인 우리는 성경을 읽음으로써 기독교 신앙의 정수를 맛볼 뿐 아니라 성경을 통해 세상을 바로 보는 능력을 키웁니다. 그래서 어린 시절부터 성경을 읽는 것이 매우 중요합니다. 이와 더불어 '언제 어떻게 어떤 관점으로 성경을 읽느냐' 하는 점도 중요합니다. 성경은 우리와 전혀 다른 시대·문화적 배경에서 기록되었기 때문입니다.

지금까지 어린이 교회학교 교재들은 다양한 성경 읽기 방식을 사용해 왔습니다. 구약과 신약을 구분해 읽거나 시대순으로 또는 주요 인물들의 생애와 사건 등을 중심으로 성경 공부를 해 왔습니다. 새 교재 『**아하! 바이블 큐브**』는 이러한 기존 방식을 따르지 않고 성경을 입체적으로 읽도록 기획했습니다. 학기마다 하나의 주제를 선택, 그 주제와 관련한 다채로운 관점에서 성경을 배우고자 했습니다. 어린이의 신앙 발달 단계와 삶의 관심사를 고려해 주제를 선별했고, 그 주제에 관한 '입체적 성경 읽기'를 시도했습니다.

어린이들에게 익숙한 장난감 중에 '큐브'가 있습니다. 작은 조각들을 돌려가며 각 면의 색을 맞추는 큐브처럼, 우리 어린이들이 성경 말씀을 요리조리 궁리하며 흥미롭게 배운다면 어떨까 상상해 보았습니다. 한 면을 맞추고 다음 면에 도전하는 큐브의 즐거움처럼, 한 주제씩 성경을 배우다가 문득 "아하!" 하며 하나님의 뜻을 깨닫게 된다면 얼마나 기쁠까요?

큐브를 손에 쥐고 놀다 보면 어느새 공식이 깨달아져 척척 맞추게 되듯 우리 어린이들이 이 교재로 배우면서 하나님의 뜻을 알아가고 하나님의 자녀로 살아가기를, 더불어 성경이 어렵고 지루한 책이 아니라 가까이하고 싶은 재미난 책이 되길 바라는 마음을 담아 『**아하! 바이블 큐브**』라는 이름을 붙였습니다.

『**아하! 바이블 큐브**』는 6개월 단위의 시즌제로 기획했습니다. 3년 동안 6번의 시즌을 경험하면서 각 주제와 관련한 성경 이야기를 만납니다. 시즌별 주제와 각 단원을 구성할 때 그간 교회학교 교재에서 많이 다루지 않았던 사건과 인물 특히 여성, 어린이, 장애인, 외국인 같은 소수자들의 이야기를 담기 위해 노력했습니다. 이를 통해 어린이들은 역사적 성경 읽기나 인물별 성경 읽기에서 맛보지 못했던 다른 차원의 흥미와 재미, 새로움을 발견할 것입니다. 예배 설교와 각 활동도 어린이들의 일상과 구체적으로 연결되도록 모색했습니다.

지금 우리 아이들은 성경 속 인물들이 살았던 시대와 전혀 다른 문화, 다른 상황에서 살고 있습니다. 그러나 『**아하! 바이블 큐브**』와 함께 6번의 시즌을 보내며 하나님의 말씀을 생생하게 접하면, 어느 순간 우리 아이들은 성경 속 인물들과 사건이 자신의 일상과 교차되면서 겹치는 놀라운 경험을 할 것입니다. '하나님이 지금 나에게 이야기하고 계신 건가?' 하는 생각과 함께 왜 이런 이야기를 들려주시는지 사뭇 궁금해질 것입니다.

어린이의 눈높이와 수준에 맞춰 성경 말씀을 전달하고 스스로 성경책을 찾아 읽도록 역량을 키워 주는 것, 이런 살아 있는 배움을 통해 우리 아이들이 하나님의 말씀과 뜻을 머리가 아닌 삶과 경험 속에서 깨달아 가기를 소망합니다.

교육 이념

- **주제 성구** : "예수는 지혜와 키가 자라가며 하나님과 사람에게 더욱 사랑스러워 가시더라." (누가복음 2:52)
- **지 향 점** : 세상에서 그리스도의 선한 제자 되기

성경 말씀이 오늘의 우리에게 전하는 하나님의 뜻과 가르침을 배움으로써, 하나님 앞과 세상 속에서 믿음과 삶이 일치하는 예수님의 제자로 산다.

교육 목표

- 성경 이야기를 어린이의 일상과 교차해 읽음으로써, 오늘 우리에게 말씀하시며 우리 삶에 참여하고 계신 하나님을 만난다.
- 어린이가 스스로 말씀 뜻을 찾아가도록 믿음의 역량을 키운다.

교육 구조 - CUBE

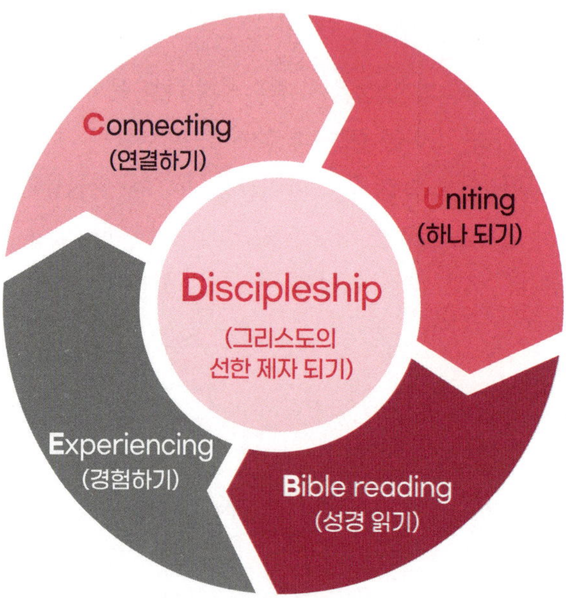

Connecting (연결하기)
: 말씀과 놀이 연결하기

Uniting (하나 되기)
: 예배로 하나 되기

Bible reading (성경 읽기)
: 설교를 들으며 성경 읽기

Experiencing (경험하기)
: 활동하며 성경 내용 경험하기

각 시즌 주제

시즌	주제	내용
시즌1 〈빨강〉	경쟁과 갈등	'경쟁과 갈등'은 지금까지 경험한 세상과 다른 세상을 만나게 함으로써 아이들을 자라게 하고 하나님의 뜻을 발견하게 합니다. 경쟁과 갈등의 상황을 경험한 성경 인물들을 찾아내어, 그들이 어려운 상황을 어떻게 극복하고 어긋난 관계를 어떤 지혜로운 방법으로 회복했는지 살펴봅니다.
시즌2 〈초록〉	하나님의 정원	'하나님의 정원'은 하나님과 함께 아름답게 가꿔 가야 하는 세상을 의미합니다. 시즌2에서는 단원의 상징으로 삼은 나무들과 관련한 성경 이야기를 배웁니다. 다양한 나무들이 어우러져 아름다운 정원을 이루듯, 하나님의 정원에 부름 받은 아이들이 하나님 나라를 일구는 꿈나무로 자라길 기대합니다.
시즌3 〈주황〉	짝꿍	짝을 이루는 성경 이야기들은 흥미로울 뿐 아니라 더 오래 기억할 수 있습니다. 그렇게 기억된 말씀들은 일상에서 하나님의 뜻을 떠올리게 합니다. 시즌3에서는 성경에서 짝을 이룬 사람, 사건, 물건들을 살펴보면서 성경을 새롭고 흥미롭게 배웁니다.
시즌4 〈파랑〉	약속	성경에 나타난 다양한 약속들, 즉 개인 간에, 공동체에서, 때로는 하나님과 맺은 약속들을 찾아보면서 그 의미와 교훈들을 되새겨 보려 합니다. 약속에 담긴 하나님의 뜻을 배움으로써 하나님과의 약속을 단단히 지켜가는 아이들로 성장할 것입니다.
시즌5 〈노랑〉	여행	성경에는 하나님의 명령으로 삶의 자리를 떠난 이들이 많습니다. 하나님이 인도하시는 새로운 여정을 통해 그들의 삶이 어떻게 변했는지를 배웁니다. 성경이 들려주는 여행 이야기는 세상 기준과 다른 믿음의 여행을 잘하도록 안내해 줄 것입니다.
시즌6 〈연보라〉	선물	시즌6에서는 3년 동안의 과정을 마무리하며 하나님이 우리에게 주신 선물에 대해 배웁니다. 하나님께서 우리에게 넘치도록 풍성한 선물을 주시는 까닭은 필요한 이들과 함께 나누어 사용하라는 의미입니다. 우리가 받은 하나님의 선물을 잘 사용하고 넉넉히 베풂으로써 그리스도의 제자로 자라기를 소망합니다.

아하! 바이블 큐브
이렇게 사용합니다

- 『아하! 바이블 큐브』 (총 3년 과정, 6개 시즌)
  : 36개의 단원과 12개의 절기 및 기념주일
- **1시즌** (6개월 과정) : 6개의 단원과 2개의 절기 또는 기념주일
- **각 단원** (1개월 과정) : 한 주에 1과씩 총 4과 진행

『아하! 바이블 큐브』는 총 6개 시즌으로 구성했으며, 시즌마다 한 주제를 중심으로 6개의 이야기가 달마다 하나씩 펼쳐집니다. 그리고 하나의 이야기는 4개의 과로 이루어 진행됩니다. 각 시즌은 서로 다른 주제를 다루지만, 두 개의 시즌(1~2/3~4/5~6)씩 유기적으로 연결돼 있습니다. 연결된 두 시즌(1년 과정)을 학습하는 동안 교회력과 계절에 따른 주제들을 적절히 배치했고, 시즌마다 별도의 절기 및 기념주일 교육과정을 제공하여 신앙 교육의 균형을 잃지 않도록 했습니다.

- **유치부 교재 구성** (5~7세) : 『어린이용 교재』 / 『교사용 교재』 / 『설교 자료집』
- **초등부 교재 구성** (8~13세) : 『어린이용 교재』 / 『교사용 교재』 / 『설교 자료집』
- **공통 교육 자료**
  1) 찬양 음원 : 시즌 주제곡 · 예배 · 절기 찬양(시즌마다 3곡 – 설교 자료집에 악보 수록),
  요절송(단원마다 1곡 – 교사용과 설교 자료집에 악보 수록)
  2) 영상 자료 : 설교 영상(유치부 / 초등부)과 퀴즈 영상(초등부)
  3) 설교 PPT(부서별 26과)

교육국

1) 찬양 음원과 2) 영상 자료는 교육국 유튜브 채널에서 확인하고, 3) 설교 PPT는 도서출판kmc 다운로드 센터(https://kmcpress.kr)에서 내려받아 사용합니다.

도서출판kmc

활동 구분	내용
요절송	**단원의 주제 성구를 노래로 배우기**: 예배와 분반 시간에 자주 불러 한 시즌이 끝난 후 요절암송대회를 열어도 좋습니다.
설교	『설교 자료집』에 수록된 설교문과 설교 PPT를 통해 말씀을 배웁니다.
설교 영상	**설교를 영상으로 보기**: 교사 인력이 부족한 교회에서 영상으로 설교를 대신하거나 예배에 참석하지 못한 어린이들에게 영상을 전달해 말씀 교육에 빈틈이 없도록 합니다.
퀴즈 영상	**설교와 배울 말씀을 다시 익히는 퀴즈 영상**: 분반 활동 전에, 설교 말씀을 잘 들었는지 퀴즈 영상을 보며 확인합니다. 또는 설교 영상과 함께 각 가정에 보내어 가정 학습용으로 사용하게 합니다.
교재 활동 1	새길 말씀을 되새기는 활동
교재 활동 2	지면 활동
교재 활동 3	신체 놀이 등 체험 활동
만들기	각 단원을 마무리하며 해당 단원의 내용을 입체 액자로 만들어 봅니다. 액자 안에 단원의 요절 말씀을 멋진 입체 작품으로 구현합니다. 다양하게 움직이고 변화하는 모습을 보면서 말씀을 다시 기억하고 익힐 수 있습니다. 여섯 단원의 액자를 모두 모아 테이블이나 벽에 전시해도 좋습니다. 

초등부 교재 활동은 활동 1부터 3까지 순차적으로 진행하되, 교회 상황에 따라 활동 2와 3 가운데 하나를 선택해 유동적으로 진행합니다.

차례

절기

1 나를 도와주는 짝꿍

2 예수님의 기적

3 예루살렘의 사람들

CONTENTS

4 나를 상징하는 물건

5 나의 동물 짝꿍

6 너의 이름은

짝꿍

『아하! 바이블 큐브』 시즌3 주제는 '짝꿍'입니다.

이번 시즌의 주제는 '짝꿍'입니다. 짝꿍의 사전적 의미는 '짝을 이루는 동료'나 '뜻이 맞거나 매우 친한 사람'입니다. 한국 드라마 〈오징어 게임〉이 전 세계적으로 큰 관심을 받으며 '깐부'라는 말이 널리 퍼지기도 했습니다. 깐부 역시 놀이할 때 같은 편 또는 한 팀을 뜻하는 속어입니다. 특히 어린 시절에는 이렇게 친구끼리 짝을 이루어 함께 놀기도 하고 도와주기도 합니다. 그러나 꼭 사람 사이에만 짝이 있는 것은 아닙니다.

어떤 사람을 생각할 때 함께 떠오르는 물건이 있다면, 예를 들어 마리아와 향유처럼 사람과 물건이 짝이 될 수도 있습니다. 때로는 베드로와 닭 또는 가룟 유다와 은돈 30냥처럼 좋지 않은 이미지와 짝을 이루는 경우도 있습니다. 또 사람의 외적 특징이 그와 짝이 되기도 합니다. 삼손의 머리털, 낙타털 옷을 입은 세례 요한처럼 말이죠. 어떤 경우에는 다니엘과 사자, 큰 물고기와 요나처럼 사람과 동물이 짝이 되고, 때로는 한 사람의 옛 이름과 새 이름이 짝을 이루기도 합니다. 대표적으로 아브라함을 꼽을 수 있습니다.

이번 시즌에는 이렇게 성경 인물들뿐만 아니라 사건이나 이야기에 등장하는 '짝'을 다룹니다. 예수님이 행하신 기적 이야기와 특히 사순절 기간에 예루살렘에 들어가 십자가에서 돌아가실 때까지 있었던 일들을 알아보고, 그 일들이 각각 어떤 물건과 연관되어 있는지를 살펴보면서 성경을 새롭고 흥미롭게 다시 읽어 보려 합니다.

특정한 사람이나 사건을 나타내는 표지(標識)나 물건 등을 '상징'이라고 합니다. 상징에는 약속과 합의로 만들어져 전통적으로 내려오는 것도 있지만, 어떤 특별

시즌 3

한 순간에 새로운 의미가 생겨 상징이 되는 경우도 있습니다. 이는 약속이나 합의, 전통은 물론 저마다의 경험과 체험을 통해 새로운 상징이 만들어지기도 한다는 뜻입니다. 이번 시즌에 등장하는 사람, 사물, 동물은 이미 전통적이고 교회적인 의미를 가진 상징들입니다. 그러나 성경을 배우면서 어린이들 스스로 그 위에 자신의 이야기를 덧입혀 새로운 의미들을 만들어 가기를 바랍니다. 상징을 통한 신앙교육은 성경의 다양한 인물과 사건을 훨씬 쉽게 배우고 익히게 하고, 호기심과 흥미를 유발하는 데도 유용할 것입니다.

이번 시즌은 총 6개의 단원으로 구성되었으며, 각각의 제목과 주제는 아래와 같습니다.

단원	제목	주제
1단원	나를 도와주는 짝꿍	우리 곁에는 어려울 때 지혜와 위로, 도움을 주는 이들이 있다.
2단원	예수님의 기적	예수님은 지금도 여전히 놀라운 기적을 펼치신다.
3단원	예루살렘의 사람들	예수님의 예루살렘 입성 후 일주일간 있었던 이야기 (사순절)
4단원	나를 상징하는 물건	내가 가진 것이 곧 나다.
5단원	나의 동물 짝꿍	하나님은 동물을 통해서도 당신의 뜻을 펼치신다.
6단원	너의 이름은	새 이름을 주시다.

부활 주일

나는 부활의 증인이야!

배울 말씀 마태복음 28장 16~20절

새길 말씀 그러므로 너희는 가서 모든 민족을 제자로 삼아 아버지와 아들과 성령의 이름으로 세례를 베풀고 내가 너희에게 분부한 모든 것을 가르쳐 지키게 하라 (마 28:19~20상반절)

	활동명	활동 내용	준비물	시간
활동1	부활 상징물을 찾아	말씀 옮겨 적기	부록 스티커, 필기도구	5분
활동2	부활 소식을 전해요	가상 SNS 활동하기	필기도구, 색연필, 예시 문구(설교 PPT)	10분
	목표 익숙한 SNS를 활용해 부활 소식을 알리게 한다.			
	사전 준비와 TIP ① 설교 PPT에 포함된 예시 문구들을 출력해서 보여 주거나 게시해 두어 SNS 내용을 채울 때 도움을 준다.			
활동3	어떤 상황에서도 외쳐요	동작 게임	예시 동작 그림(설교 PPT)	10분
	목표 신체 놀이를 통해 어떤 상황에서도 예수님의 부활을 증언해야 함을 깨닫게 한다.			
	사전 준비와 TIP ① 예시 동작 그림을 출력해서 활동 장소 한쪽 벽면에 붙인다.			

활동 1 부활 상징물을 찾아

부활 상징물을 모두 찾아 새길 말씀을 완성해 보세요.

오래전부터 교회는 다양한 상징물을 사용해 예수님의 부활을 전해 왔어요. 달걀과 빈 무덤이 가장 잘 알려져 있는데, 그 밖에 나비와 백합 역시 부활을 기억하는 상징물이었답니다. 다양한 부활 상징물과 함께 새길 말씀을 기억해 봐요.

활동 방법

① 위쪽 글자표에서 부활 상징물을 모두 찾아 동그라미를 친다.

답 나비, 빈 무덤, 달걀(2군데), 백합

Tip 아래 내용을 참고로, 각 상징물의 의미를 설명한다.

- 나비 : 애벌레와 번데기 시기를 거쳐 고치를 깨고 찬란하게 날아오르는 나비는 무덤에서 부활하신 예수님을 연상시킨다.
- 빈 무덤 : 예수님이 부활하신 새벽, 무덤을 막아두었던 돌문이 굴러가 있었다는 묘사는 사복음서에 모두 등장한다. 돌문이 열린 빈 무덤이 부활절 새벽을 상징하게 된 이유다.
- 달걀 : 가장 보편적인 부활절 상징물이다. 유래와 관련해 여러 설이 있지만, 딱딱한 껍데기를 깨고 병아리가 태어나는 모습이 무덤을 깨뜨리신 예수님을 떠올리게 하는 게 가장 큰 이유다.
- 백합 : 교회 전통에서 오래전부터 '순결'을 뜻하는 상징물이다. 다만 부활절과 관련해서는 부활의 예수님을 의미했다. 부활절의 교회력 색이 흰색인 사실과 무관하지 않은 듯하다.

② 상징물이 있는 칸의 성경 구절을 아래쪽 빈칸에 옮겨 적는다. 먼저 각 구절의 글자 수를 세어 알맞은 자리를 찾은 다음 스티커를 붙이고 한 글자씩 옮겨 적는다.

③ 완성한 새길 말씀을 다 함께 소리 내어 읽는다.

		너	희	는	가	서	모	든	민	족	을	제	자
로	삼	아			아	버	지	와	아	들	과	성	령
의	이	름	으	로				세	례	를	베	풀	고
		내	가	너	희	에	게	분	부	한	모	든	것
을			가	르	쳐	지	키	게	하	라	마태복음 28장 19~20절 상반절		

다양한 부활 상징물을 알맞은 자리에 붙였더니, 부활하신 예수님이 제자들에게 남기신 메시지가 완성되었네요. 예수님의 이 말씀을 가슴에 새기고 최선을 다하면 우리 모두 주님의 부활을 증언하는 가장 멋진 부활절 상징이 될 수 있을 거예요.

활동 2 부활 소식을 전해요

우리만의 SNS에 예수님의 부활 소식을 포스팅해 봐요.

요즘은 인터넷을 통해 소식을 빠르게 널리 알릴 수 있어요. 오늘은 SNS로 예수님의 부활 소식을 알려 봐요. 나만의 재치 있는 그림과 글로 꾸미고, 사람들의 반응도 상상해서 댓글로 적어 보세요.

활동 방법

① 계정 프로필을 만든다. 자신의 얼굴(또는 상징물)을 그리고, 그 옆에 이름(또는 닉네임)을 적는다.

② 부활하신 예수님과 제자들의 모습을 색칠하고 배경을 꾸민다.

③ 예시 문구(설교 PPT)를 조합해 SNS 내용을 쓴다. 그 외에 자신이 쓰고 싶은 구절을 추가해 내용을 풍성하게 한다.

④ 상상력을 발휘해 재미있는 댓글을 단다. 친구들과 교재를 서로 바꿔 댓글을 달아도 좋다.

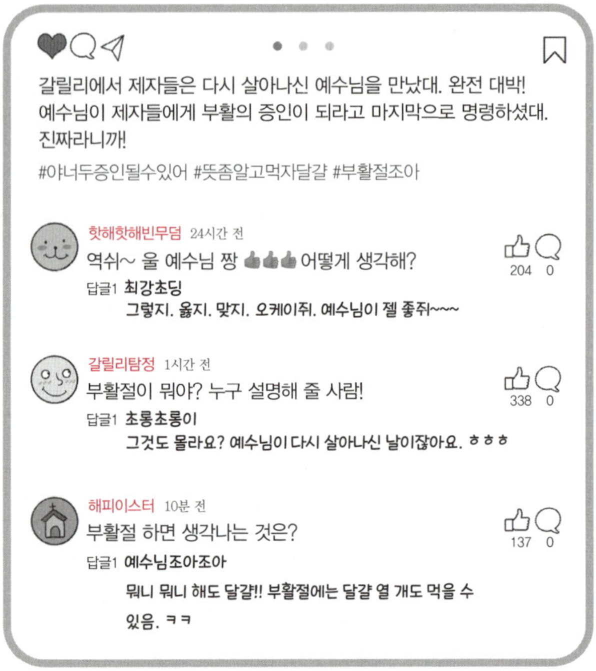

예수님은 제자들에게 부활의 증인이 되라고 명령하셨어요. 이 말씀은 오늘 우리에게도 똑같이 적용된답니다. 우리가 할 수 있는 모든 방법을 동원해 부활하신 예수님을 세상에 알려야 해요.

활동 3 어떤 상황에서도 외쳐요

재미있는 동작과 함께 부활 소식을 외쳐 봐요.

우리는 예수님의 부활을 다른 사람들에게 전하는 증인이 되어야 해요. 물론 가끔은 쉽지 않은 상황을 만나겠지만, 그렇다고 전하는 일을 멈춰서는 안 된답니다. 어떤 경우에도 부활의 증언을 멈추지 않는 연습을 한번 해 볼까요?

활동 방법

① 전체가 일어서서 그림이 있는 벽을 향해 선다.

② 한 사람이 "예수님이/ 부활/ 하셨습니다!"라고 세 마디로 끊어서 또박또박 외치되, 한 마디를 외칠 때마다 예시 동작 중 하나를 골라 차례로 동작한다.

예  예수님이 /  부활 /  하셨습니다!

③ 나머지 사람들은 "참으로/ 부활/ 하셨습니다!"라고 대답하되, 역시 세 마디로 끊어서 또박또박 크게 외친다. 이때 앞서 본 세 동작을 똑같이 따라 한다.

④ 같은 방식으로 한 사람씩 돌아가며 전체가 참여할 때까지 활동을 이어간다. 동작을 똑같이 따라 하지 못하거나 외치는 소리가 작은 어린이에게는 가벼운 벌칙(얼굴에 스티커 붙이기 등)을 줄 수 있다.

⑤ 활동이 익숙해지면 예시 동작 외 다른 동작을 추가해 몇 차례 더 진행한다. 재미있고 기발한 동작을 선보이는 어린이에게는 사탕이나 비타민 등 간단한 간식을 상으로 준다.

어때요? 동작에 신경을 쓰다 보니 나도 모르게 목소리가 작아지거나 외치는 걸 잊어버리게 되지 않던가요? 하지만 어떤 동작을 하더라도 언제나 변함없이 외쳐야 할 메시지가 있다는 사실을 잊어서는 안 돼요. 바로 예수님의 부활 소식 말이에요. 어떤 상황에서도 부활의 증인 되는 삶을 절대로 포기하지 않는 우리 모두가 되기로 해요.

함께 기도해요

부활의 주님, 우리를 위해 이 땅에 오시고 십자가의 고난 끝에 놀라운 부활을 이루신 것을 믿고 찬양합니다. 이 기쁜 소식을 세상에 전하는 부활의 증인으로 살아가도록 우리를 도와주세요. 예수님의 이름으로 기도합니다. 아멘.

환경선교 주일

또 하나의 짝꿍, 자연

배울 말씀 창세기 1장 9~13절

새길 말씀 하나님이 이르시되 땅은 풀과 씨 맺는 채소와 각기 종류대로 씨 가진 열매 맺는 나무를 내라 하시니 그대로 되어 땅이 풀과 각기 종류대로 씨 맺는 채소와 각기 종류대로 씨 가진 열매 맺는 나무를 내니 하나님이 보시기에 좋았더라 (창 1:11~12)

	활동명	활동 내용	준비물	시간
활동1	관찰과 분류	글자 쓰기	색연필	5분
활동2	자연과 나	토론하기		10분
	목표 반려동물을 예로 들어 사람과 자연의 관계에 관한 다양한 생각을 나누게 한다.			
활동3	이름을 지어요	식물 이름 짓기	부록지, 네임펜	10분
	목표 이름을 지어 주고 관심을 갖게 함으로써 자연을 보호하는 첫발을 떼게 한다.			
	사전 준비와 TIP ① 부록의 이름표를 뜯어서 1인당 2개씩 나누어 준다. ② 이름표는 설교 PPT에도 포함되어 있으니 필요 시 출력해서 활용한다.			

활동 1 관찰과 분류

새길 말씀에 나오는 풀, 씨 맺는 채소, 씨 가진 열매 맺는 나무를 그림에서 찾고, 각 식물의 색으로 글자들을 써 보세요.

오늘 새길 말씀을 기억하고 있나요? 하나님이 만드신 것 중에 풀, 씨 맺는 채소, 씨 가진 열매 맺는 나무가 나왔어요. 그런데 그것들이 무엇인지 알고 있나요? 그림에서 찾아 확인해 봐요.

활동 방법

① 교재에 있는 새길 말씀을 큰 소리로 함께 읽는다.
② 그림에서 새길 말씀에 있는 풀(민들레), 씨 맺는 채소(보리), 씨 가진 열매 맺는 나무(사과나무)를 각각 찾는다.
③ 각 식물과 대응하는 단어에 식물과 같은 색을 칠한다.
④ 완성한 새길 말씀을 한 번 더 읽는다.

하나님이 이르시되 땅은 **풀**과 **씨 맺는 채소**와
각기 종류대로 **씨 가진 열매 맺는 나무**를 내라 하시니
그대로 되어 땅이 **풀**과 각기 종류대로 **씨 맺는 채소**와
각기 종류대로 **씨 가진 열매 맺는 나무**를 내니
하나님이 보시기에 좋았더라
(창세기 1장 11~12절)

민들레를 볼 때마다, 넓은 들판을 가득 채운 보리를 볼 때마다, 사과나무를 볼 때마다 오늘 마음에 새긴 말씀을 기억해요.

활동 2 자연과 나

은지와 민지가 나누는 대화를 읽고 질문에 답해 보세요.

혹시 집에서 반려동물을 키우는 사람이 있나요? (어린이들의 대답을 듣고, 반려동물의 이름도 물어 본다.) 그래요. 여러 친구가 반려동물과 함께 살고 있군요. 이번 시간에는 반려동물과 관련한 한 가지 주제를 진지하게 생각해 볼 거예요. 함께 생각할 주제는 바로 '동물은 정말로 가족이 될 수 있을까'예요. 먼저, 은지와 민지가 나누는 대화를 읽고 질문에 답해 보세요.

활동 방법

① 교재에 있는 대화를 읽는다. 친구끼리 역할을 나누어서 읽어도 좋다.

은지 아니야! 개 아니야. 이호순이야.

민지 아니, 내 말을 들어 봐. 호순이도 개라니까? 개야, 이리 와 봐. 발!

은지 아냐! 이호순, 가지 마! 나도 알아. 그런데 개라고 부르지 마! 얘는 호순이야. 내 동생이란 말이야.

민지 이름을 붙이는 거야 자유지만, 아무리 그래도 개는 개지, 무슨 동생씩이나 되니?

② **Q1**, **Q2** 질문을 차례로 하고 어린이들의 생각을 듣는다.

Q1. 은지가 기르는 개의 이름은 무엇인가요?

Q2. 민지는 왜 호순이를 동생이라고 부르는 은지의 대답을 받아들이지 못한 것일까요?

③ **Q3** 질문을 하고 어린이들의 대답을 듣는다. 자기 생각을 말하는 시간이므로, 각자의 생각이 다를 수 있고 그것을 인정해 주어야 함을 미리 주지시킨다.

Q3. 반려동물을 어떻게 여기느냐는 사람마다 달라요. 동물은 정말 가족이 될 수 있을까요?

반려동물에 대해 가지고 있는 생각이 비슷하면서도 조금씩 다르죠? 그러나 이렇게 의견이 다르더라도 우리는 모두 한마음으로 동물을 비롯한 자연의 모든 생명을 아름답게 가꾸고 보호해야 한답니다.

활동 3 이름을 지어요

교회 주변에서 다양한 식물을 찾아 이름을 지어 주고 이름표를 만들어 꽂아 주세요.

아담과 하와가 에덴동산에서 한 일이 무엇인지 알고 있나요? 바로 이름을 지어 주는 일이었어요. 아담과 하와는 어떤 방법으로 온갖 생물들의 이름을 지었을까요? 아마 그 동물이나 식물의 특징을 보고 지어 줬을 거예요. 우리도 이걸 해 봐요.

활동 방법

① 교회 곳곳을 둘러보며 식물들을 찾는다.
② 각각의 식물에 이름을 지어 주고, 이름표에 이름을 적어 식물 주변 흙에 꽂는다. 이름을 지을 때는 해당 식물을 충분히 관찰한 후 특징을 잡아서 어울리게 짓도록 이끈다. 여러 의견 중 의논하여 하나를 선택한 다음 그 이름을 생각해 낸 어린이의 이름표에 함께 정한 식물 이름을 적어 주변 흙에 꽂는다.
③ 모두의 이름표를 꽂은 후 모임 자리로 돌아간다.

'이곳에 이런 화분이 있었던가?' 하고 새로 알게 된 어린이는 없었나요? 관심을 가지면 대상이 보이는 법이랍니다. 이름을 지어 보니 어떤가요? ○○○(어린이들이 붙여 준 이름)에게 더 관심이 생기지 않나요? 아마 매주 교회에 올 때마다 ○○○가 잘 자라고 있나 궁금해 하며 살펴보게 될 거예요. 이렇게 이름을 지어 주는 것도 자연을 보호하고 아끼는 방법 중 하나랍니다.

함께 기도해요

사랑의 하나님, 우리에게 아름다운 자연을 선물로 주셔서 감사합니다. 하나님이 보시고 정말 좋아하신 이 소중한 자연을 오래 간직할 수 있도록 더욱 아끼고 사랑하는 어린이가 될게요. 우리에게 사랑과 지혜를 더해 주세요. 예수님의 이름으로 기도합니다. 아멘.

1 단원

나를 도와주는 짝꿍

주제 **우리 곁에는 어려울 때 지혜와 위로, 도움을 주는 이들이 있다.**

1단원은 힘들고 어려울 때 내게 지혜와 위로, 도움을 주는 이들에 관한 이야기입니다. 인간은 본래 홀로 살아갈 수 없으며, 혼자서 모든 일을 하는 것은 불가능합니다. 태어날 때부터 평생 주위 사람들과 도움을 주고받으며 살아갑니다. 성경의 위대한 인물들도 모두 그랬습니다. 과연 그들 곁에는 어떤 짝꿍이 있었을까요?

1과는 이스라엘 백성이 광야에서 생활하던 당시 장인 이드로가 모세를 방문했을 때의 일입니다. 이드로는 백성이 모세에게 묻고 답을 듣기 위해 아침부터 저녁까지 줄지어 서 있는 것을 보게 되었습니다. 그는 이렇게 일하다가는 모세도, 백성도 모두 지치게 될 것이라면서 백성 중에 유능한 사람을 세워 그들에게 재판을 맡기라고 했습니다. 모세는 이드로의 조언을 따랐습니다. 그 덕분에 모세는 재판의 짐을 덜고, 하나님께서 명하시는 일을 더 잘할 수 있게 되었습니다.

2과는 다윗이 맏아들 압살롬에게 쫓기던 때의 일입니다. 후새는 다윗의 신하로, 압살롬을 물리치는 데 중요한 역할을 했습니다. 다윗이 예루살렘에서 도망칠 때, 후새는 다윗의 부탁으로 다시 예루살렘으로 돌아갔습니다. 그리고 거짓으로 압살롬을 섬기면서 그의 조언자가 되어 반역을 실패로 만들었습니다. 다윗은 후에 자기를 위해 목숨을 걸고 예루살렘으로 돌아갔던 후새를 친구라고 불렀습니다.

3과는 바울이 두 번째 선교 여행 때 소아시아 루스드라(현재 터키)에서 디모데를 처음 만난 이야기입니다. 디모데의 출생 – 어머니는 유대인, 아버지는 헬라인 – 은 바울에게 전혀 문제가 되지 않았습니다. 당시 디모데는 이미 루스드라와 이고니온의 신자들에게 훌륭한 청년이라는 평판을 듣고 있었기 때문입니다. 그래서 흔쾌히 디모데와 함께 전도 사역을 시작했습니다. 누군가와 짝꿍이 되는 데 국적이나 민족은 장애가 될 수 없습니다.

4과는 아이를 낳을 것이라는 천사의 고지를 들은 마리아가 엘리사벳을 찾아간 이야기입니다. 당시 나이 많은 엘리사벳도 세례 요한을 임신한 상태였습니다. 엘리사벳은 처녀의 몸으로 임신한 마리아를 기꺼이 맞아 주고 축복해 주었습니다. 마리아는 3개월 동안 그 곁에 머물며 큰 위로를 받고 쉼을 얻었습니다.

빌립보서 2장 4절

작곡:이화익
편곡:이화익

01

1단원

마음을 담아

배울 말씀 출애굽기 18장 9~27절

새길 말씀 이에 모세가 자기 장인의 말을 듣고 그 모든 말대로 하여 모세가 이스라엘 무리 중에서 능력 있는 사람들을 택하여

(출 18:24~25상반절)

<table>
<tr><th></th><th>활동명</th><th>활동 내용</th><th>준비물</th><th>시간</th></tr>
<tr><td>활동1</td><td>짝꿍의 조언대로</td><td>틀린 글자 찾기</td><td>필기도구</td><td>3분</td></tr>
<tr><td rowspan="3">활동2</td><td>마음을 담아서</td><td>퍼즐 맞추기</td><td>부록지, 풀</td><td rowspan="3">7분</td></tr>
<tr><td colspan="3">목표
이드로가 모세에게 조언하는 장면을 퍼즐로 맞추면서 내용을 상기하게 한다.</td></tr>
<tr><td colspan="3">사전 준비와 TIP
① 부록의 퍼즐 조각을 뜯어 한 세트씩 나누어 준다.</td></tr>
<tr><td rowspan="3">활동3</td><td>너의 목소리가 들려</td><td>소리 듣고 움직이기</td><td>색테이프(또는 청테이프), 색지(빨강, 노랑, 초록, 파랑), 안대</td><td rowspan="3">15분</td></tr>
<tr><td colspan="3">목표
이드로의 말을 따른 모세처럼 친구들의 소리를 따라 행동하면서 모세와 이드로의 마음을 이해하게 한다.</td></tr>
<tr><td colspan="3">사전 준비와 TIP
① 색테이프(또는 청테이프)로 바닥에 6X4 배열로 칸을 만들고, 4가지 색(빨강, 노랑, 초록, 파랑) 색지를 붙인다. (활동 방법 참조)
② 색별로 출발점과 도착점을 표시한다.
③ 4가지 색지를 넣은 제비뽑기 통을 준비한다.</td></tr>
</table>

활동 1 짝꿍의 조언대로

틀린 곳을 올바르게 고쳐서 새길 말씀을 다시 써 보세요.

이드로는 모세에게 뭐라고 조언했나요? (어린이들의 대답을 듣는다.) 맞아요. 하나님의 말씀을 사람들에게 가르쳐 주고, 이제껏 모세가 감당했던 일을 함께 할 사람들을 세우라고 했어요. 이 조언을 들은 모세는 어떻게 했을까요? 새길 말씀을 완성해서 알아보세요.

활동 방법

① 교재의 문장에서 틀린 곳을 찾아 올바르게 고친다. 필요하면 힌트를 주거나 다시 한번 새길 말씀을 읽어 준다.
② 완성한 새길 말씀을 다 같이 소리 내어 읽는다.

이에 ~~장인이~~ 자기 ~~모세의~~ ~~능력~~을 듣고
모세가 장인 말
그 ~~무리~~ 말대로 하여
모든
~~장인이~~ ~~사람~~들 무리 중에서
모세가 이스라엘
~~모든~~ 있는 ~~이스라엘~~들을 택하여
능력 사람

(출애굽기 18장 24~25절 상반절)

모세는 이드로의 조언을 듣고 그대로 행했어요. 함께 일을 감당할 천부장, 백부장, 오십부장, 십부장을 세웠죠. 그리고 하나님의 백성이 어떻게 살아야 하는지 하나님께서 가르쳐 주신 것들을 모든 사람에게 알려 주었어요. 혼자서 많은 사람의 이야기를 듣고 재판할 때는 너무 힘들었는데, 이드로의 조언대로 하니 모두에게 도움이 되었어요. 여러분에게도 조언해 주는 친구가 있나요? 그 친구를 한번 떠올려 보세요.

활동 2 마음을 담아서

퍼즐을 맞춰서 이드로가 모세에게 조언하는 장면을 완성해 보세요.

내게 조언을 해 주는 친구가 떠올랐나요? 그 친구는 내게 어떤 마음으로 조언하는 걸까요? 또는 내가 다른 친구에게 조언할 때 어떤 마음으로 해야 할까요? 이드로가 모세에게 조언하는 장면을 퍼즐로 맞춰 보면서 그 마음이 어떤 마음인지 생각해 봐요.

활동 방법

① 교재에 흐리게 그려진 밑그림을
참고해 퍼즐 조각을 맞춘다.
② 풀로 붙여 완성한다.

이드로는 모세가 답답해서 짜증 나고 화나는 마음으로 조언한 것도 아니고, 한심하다는 생각으로 조언한 것도 아니에요. 정말 모세에게 도움이 되기를 바라는 진심을 담아서 겸손하게 조언했어요. 우리도 진심을 담은 친구의 조언에 귀를 기울이기를, 그리고 나 역시 다른 사람에게 조언할 때 진심을 담아서 하기를 바라요.

활동 3 너의 목소리가 들려

친구의 조언을 듣고 그대로 움직여서 도착점까지 가 보세요.

만약 모세가 이드로의 조언을 듣지 않고 계속 자기 방법대로 살았다면 어떻게 되었을까요? 아마 힘들고 지쳐서 결국 포기하고 말았을 거예요. 모세가 이드로의 조언을 들었기에 모두에게 이롭고 만족스러운 결과를 얻었어요. 이렇게 진심을 담은 조언은 큰 도움이 된답니다. 우리도 친구의 조언이 주는 도움을 한번 경험해 볼까요?

활동 방법

① 두 명씩 팀을 나누고, 각 팀 대표가 제비뽑기로 팀의 색을 정한다.

② 팀별로 순서를 정한 뒤 첫 번째 팀이 자기 팀 색깔 출발점에 선다.

③ 한 명이 안대를 끼고, 다른 한 명이 말로 설명해 자기 팀 색깔 도착점까지 길을 인도한다. 이때 최소한 8개의 칸을 거쳐서 가야 하는데, 대각선으로는 움직일 수 없다.

예 왼쪽으로 두 발, 오른쪽으로 네 발, 앞으로 한 발, 다시 뒤로!

④ 시간을 재서 도착점에 가장 빨리 다다른 팀에게 시상한다.

출발 (빨강)			도착 (파랑)	출발 (노랑)	출발 (초록)
도착 (노랑)					
출발 (파랑)	도착 (초록)				도착 (빨강)

안대를 낀 친구들은 어땠나요? 앞이 깜깜하고 보이지 않아서 너무 힘들었죠? 그렇지만 친구가 도움을 주어서 안전하게 도착할 수 있었어요. 그럼, 도움의 말을 해 준 친구들은 어땠나요? 친구가 잘 도착할 수 있을지 조바심도 나고, 내가 실수로 잘못 알려 주면 어쩌나 걱정도 됐을 거예요. 그러면서 도착점까지 잘 가길 바라는 마음이 있었을 거예요. 이렇게 다른 사람에게 조언할 때는 그것이 바른 것인지, 하나님 말씀에 맞는 것인지 확인해야 해요. 세상 방법이 아무리 좋은 것 같아도 하나님 말씀과 맞지 않으면 하지 않아야 하고, 반대로 세상 방법은 아니라고 해도 하나님 말씀에 맞으면 행동할 수 있어야 해요. 친구가 해 주는 조언을 따를 때도 먼저 하나님 말씀에 맞는지 확인해 보는 친구들이 되길 바랍니다.

함께 기도해요

하나님, 우리에게 도움을 주는 친구들을 주셔서 감사합니다. 그리고 우리도 누군가에게 조언할 수 있게 해 주셔서 감사합니다. 서로 도움을 주고받을 때 무엇보다 하나님 말씀에 맞는지 먼저 확인하길 원합니다. 그래서 하나님 말씀에 맞는 조언을 듣고, 해 주면서 서로에게 도움을 주는 짝꿍이 되게 해 주세요. 예수님의 이름으로 기도합니다. 아멘.

02

1단원

진정한 친구

배울 말씀 사무엘하 15장 30~37절, 17장 14~16절

새길 말씀 다윗의 친구 후새가 곧 성읍으로 들어가고 압살롬도 예루살렘으로 들어갔더라 (삼하 15:37)

	활동명	활동 내용	준비물	시간
활동1	예루살렘으로 들어가	글자 잇기	필기도구	3분
활동2	내가 ○○라면?	손가락 인형극	부록 스티커, 대사 종이띠(설교 PPT)	10분
	목표 성경 이야기를 들으며 등장인물들의 마음을 이해하게 한다.			
	사전 준비와 TIP ① 설교 PPT에 있는 대사 종이띠를 출력한 후 하나씩 잘라 둔다.			
활동3	친구야, 도와줘!	담요 게임	색테이프, 담요, 밴드(일회용 반창고), 신체 부위를 적은 제비뽑기 종이와 통	12분
	목표 어려움에 처한 친구를 적극적으로 돕게 한다.			
	사전 준비와 TIP ① 색테이프로 출발선을 표시하고, 반대편에 방석을 놓는다. ② 발목, 손가락, 이마, 팔꿈치 등 신체 부위를 적은 종이를 통에 넣어 방석 앞에 놓는다.			

활동 1 예루살렘으로 들어가

도착점까지 선으로 이으면서 새길 말씀을 완성해 보세요.

다윗과 후새는 함께 같은 장소로 갔나요? 아니에요. 둘은 헤어져서 각각 다른 장소로 갔어요. 다윗은 도망쳤고, 후새는 예루살렘으로 들어갔죠. 후새뿐 아니라 누가 또 예루살렘으로 갔나요? 예루살렘 성안에서 길을 찾아 누구인지 알아봐요.

활동 방법

① 출발점에서 시작해 새길 말씀의 글자 순서대로 따라가며 선으로 잇는다. 단, 대각선으로 움직일 수는 없다.
② 빈칸에 새길 말씀을 옮겨 적는다.
③ 완성한 새길 말씀을 다 함께 소리 내어 읽는다.

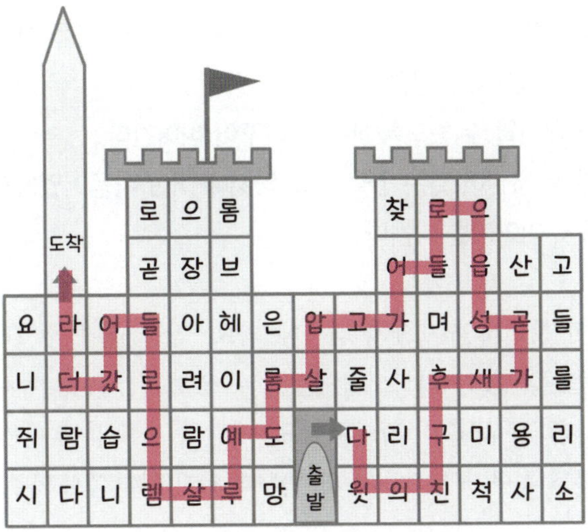

후새뿐 아니라 누가 또 예루살렘으로 들어갔나요? 압살롬도 갔어요. 새길 말씀에는 나오지 않지만 아히도벨도 갔죠. 후새가 예루살렘에 들어갈 때 어떤 마음이었을까요? 너무나 걱정되었을 거예요. 죽으면 어쩌지 하는 두려움도 컸을 거예요. 하지만 후새는 다윗을 위하는 마음으로 죽음의 위험도 마다하지 않았어요. 만약 내가 후새라면 어땠을까요? 후새, 다윗, 압살롬, 아히도벨의 마음을 한번 생각해 봐요.

활동 2 내가 ○○라면?

손가락 인형극을 하며 성경 이야기를 기억해요.

오늘은 압살롬을 피해 달아난 다윗과 친구 후새의 이야기를 들었어요. 지금부터 인형극을 하면서 우리가 직접 그 인물이 되어 보려고 해요. 각자 역할을 하나씩 맡아서 대사를 해 보며, 인물들의 마음을 더 깊이 느껴 보기를 바라요.

활동 방법

① 다윗, 후새, 압살롬, 아히도벨 역할을 맡을 사람을 각각 정한다. 인물이 중복되지 않게 하고, 해설은 교사가 맡는다.

② 성경 이야기를 기억하며 대사 종이띠의 내용을 확인한 다음 대화 순서에 맞게 배치해 풀로 붙인다. 교사가 각 장면에 해당하는 성경 본문을 읽어 주며 돕는다. 정답은 설교 PPT를 참고한다.

③ 완성한 대화를 참고하여 ①에서 택한 역할로 손가락 인형극을 한다. 각자 택한 인물의 스티커를 검지에 감고서 진행한다.

④ 모든 어린이가 참여할 수 있도록 배역을 바꾸어 이어간다.

⑤ 인형극을 마친 후 자신이 맡은 인물이 그 당시에 어떤 마음이었을지, 내가 ○○라면 어떻게 행동했을지 이야기를 나눈다.

여러 인물 중에서 특별히 후새에게 집중해 봐요. 만약 내가 후새라면 어떻게 했을까요? 후새처럼 목숨을 걸고서라도 도움을 줄 수 있었을까요? 너무나 어려운 일이지만 후새는 그 일을 피하지 않고 잘 감당했어요. 이런 후새 덕분에 다윗은 목숨을 구할 수 있었어요. 여러분도 친구가 어려움에 처했을 때 자기 일처럼 도와주길 바라요.

활동 3 친구야, 도와줘!

다쳐서 움직이지 못하는 친구를 도와주세요.

주변에 다친 친구가 있으면 어떻게 해야 할까요? 심하게 다쳤다면 어른들에게 도움을 요청하거나 119에 신고를 해야겠죠. 다행히 크게 다치지 않았다면 여러분이 그 친구의 짐을 대신 들어 줄 수도 있고, 부축해서 집에 데려다줄 수도 있을 거예요. 오늘은 이렇게 어려움에 처한 친구를 적극적으로 돕는 법을 연습해 봐요.

활동 방법

① 세 명씩 한 팀을 이뤄 두세 팀으로 나눈다.
② 출발선에 두 사람이 담요와 밴드(일회용 반창고)를 손에 든 채 서고, 반환점에 나머지 팀원이 앉아서 대기한다.
③ 교사가 "출발!"이라고 외치면 출발선의 두 사람이 맞은 편 팀원에게로 뛰어간다.
④ 팀원들이 도착하면 교사는 반환점에 있는 팀원에게 제비를 뽑게 한다.
⑤ 종이에 적힌 내용을 팀원들에게 보여 주면, 해당 부위에 밴드를 붙여 주고 담요 한쪽 끝에 앉힌 다음 반대쪽을 두 사람이 끌어서 출발선으로 돌아온다.
⑥ 팀별로 시간을 재서 가장 빨리 돌아오는 팀에게 시상한다.

친구가 아플 때 '아프겠다.'라는 생각만 하고 구체적으로 도와주지 않으면 이웃을 사랑하는 것이 아니에요. 예수님은 우리에게 "네 이웃을 너 자신처럼 사랑하라."고 말씀하셨어요. 하나님의 자녀는 이웃을 나 자신처럼 여기며 사랑해야 해요. 어려움에 처한 친구를 보면 적극적으로 도움을 주는 친구가 되길 바랍니다.

함께 기도해요

하나님, 많은 사람에게 도움을 받으며 살아갈 수 있게 해 주셔서 감사합니다. 우리 또한 어려움에 처한 친구들을 그냥 지나치거나 무시하지 않고, 적극적으로 돕는 사람이 되기를 원합니다. 이웃을 내 몸처럼 사랑하는 것이 하나님의 뜻임을 기억하며 실천할 수 있게 우리를 도와주세요. 예수님의 이름으로 기도합니다. 아멘.

03 하나님의 눈으로

1단원

배울 말씀 사도행전 16장 1~5절

새길 말씀 바울이 그를 데리고 떠나고자 할새 그 지역에 있는 유대인으로 말미암아 그를 데려다가 할례를 행하니 이는 그 사람들이 그의 아버지는 헬라인인 줄 다 앎이러라 (행 16:3)

<table>
<tr><th></th><th>활동명</th><th>활동 내용</th><th>준비물</th><th>시간</th></tr>
<tr><td>활동1</td><td>바울과 함께 떠나요</td><td>글자 찾기</td><td>신문이나 잡지, 가위, 풀</td><td>7분</td></tr>
<tr><td rowspan="2">활동2</td><td>하나님의 눈으로</td><td>친구의 장점 찾기</td><td>필기도구</td><td rowspan="2">8분</td></tr>
<tr><td colspan="3">목표
하나님의 눈으로 친구들의 장점을 찾으며 응원하게 한다.</td></tr>
<tr><td rowspan="3">활동3</td><td>People Bingo</td><td>친구들 만나기</td><td>필기도구, 빙고판(설교 PPT)</td><td rowspan="3">10분</td></tr>
<tr><td colspan="3">목표
새로운 친구들을 만나서 인사하고 교제를 나누게 한다.</td></tr>
<tr><td colspan="3">사전 준비와 TIP
① 전체 모임으로 진행한다.
② 설교 PPT에 있는 빙고판을 어린이 수만큼 출력해 둔다.</td></tr>
</table>

활동 1 바울과 함께 떠나요

친구들과 함께 신문이나 잡지에서 글자를 찾아 새길 말씀을 완성하세요.

바울과 디모데는 함께 전도 여행을 떠났어요. 그런데 떠나기 전에 할례를 행했어요. 왜 그랬다고 했죠? 유대인 남자들은 모두 할례를 받아야 하는데, 디모데가 받지 않아 전도할 때 어려움이 있었기 때문이에요. 유대인, 할례, 헬라인이라는 단어를 처음 들어 보는 친구들도 있을 거예요. 유대인은 '유다 왕국에 속한 사람' 또는 '유대교를 믿는 사람, 곧 이스라엘 사람'을 말해요. 헬라인은 '그리스에서 태어난 사람'인데, 신약성경에서는 유대인이 아닌 주변 나라 사람들을 뜻했죠. 마지막으로 할례는 '유대인들이 하나님과 언약의 표시로 태어난 지 8일 만에 남성 생식기의 표피 일부를 절제하는 의식'이었답니다. 단어의 의미를 생각하며 신문이나 잡지에서 각각의 글자를 찾아 붙여서 새길 말씀을 완성해 보세요.

활동 방법

① 팀별로 신문이나 잡지에서 '바', '울', '유', '대', '인', '할', '례', '헬', '라', '인'이라는 10글자를 각각 찾아 교재에 풀로 붙인다.
② 완성한 후 다 같이 한목소리로 새길 말씀을 읽는 팀이 승리한다.
③ 보너스 게임으로 '디', '모', '데'라는 세 글자를 찾게 할 수도 있다.

> 바울이 그를 데리고 떠나고자 할새
> 그 지역에 있는 유대인으로 말미암아
> 그를 데려다가 할례를 행하니 이는 그 사람들이
> 그의 아버지는 헬라인인 줄 다 앎이러라
> (사도행전 16장 3절)

유대인들은 할례를 받아야만 하나님을 믿는 사람이라고 생각했어요. 디모데가 할례를 받으면 진정한 유대인이 되는 것이니 유대인들에게도 예수님을 전할 수 있었어요. 헬라인에게도, 유대인에게도, 즉 두 종교, 두 문화에 속한 모든 사람에게 예수님을 전할 수 있게 되었죠. 디모데에게 또 어떤 장점이 있다고 했죠? 다음 활동을 통해 다시 한번 기억해 봐요.

활동 2 하나님의 눈으로

하나님의 눈으로 친구의 장점을 찾아 적어 보세요.

옆 친구에게는 어떤 장점이 있을까요? 하나님께서는 우리의 단점보다는 장점을 보면서 응원하시고 기대해 주신다고 했어요. 이 시간에는 하나님의 눈으로 옆 친구를 바라보면서 그 친구의 장점을 찾아봐요.

활동 방법

① 팀별로 둥글게 앉은 뒤 교재 그림 맨 위에 자기 이름을 적는다.

② 오른쪽에 앉은 사람에게 자기 교재를 건넨다. 받은 사람은 맨 위의 이름을 확인한 다음 30초~1분 동안 그의 장점을 생각해 구체적으로 적는다.

예 목소리가 크고 멋있어요/ 성경 구절을 잘 외워요/ 찬양을 크게 해요/ 친구들을 잘 도와줘요

③ 정해진 시간 뒤 교사가 "전달!"이라고 말하면 가지고 있는 교재를 다시 오른쪽으로 전달한다.

④ 팀별로 장점을 가장 구체적으로 적은 교재를 하나만 선정해 진행자에게 전달한다.

⑤ 진행자가 선정된 교재 중 하나를 골라 큰 소리로 읽는다. 어린이들은 내용을 듣고 누구의 장점인지 알아맞힌다. 단, 해당 어린이와 같은 팀원은 맞힐 수 없다.

⑥ 팀별로 점수를 내서 시상한다.

친구의 장점을 하나님의 눈으로 바라보니 그 친구가 정말 멋있고 아름다운 사람이라는 사실을 알게 되었죠? 여러분은 정말로 귀하고 사랑스럽고 소중한 사람들이에요. 하나님의 눈으로 나를 토닥이면서 이렇게 외쳐 볼까요? "나는 소중한 사람입니다!" 그리고 옆에 있는 친구들에게도 말해 줄까요? "당신도 소중한 사람입니다!" 하나님의 눈으로 나를 바라볼 뿐 아니라, 하나님의 눈으로 친구를 바라보길 소망합니다.

활동 3 People Bingo

친구들을 만나 People Bingo를 완성해 보세요.

바울은 전도 여행에 함께할 새로운 동역자로 디모데를 선택했어요. 여러분은 언제 새로운 친구를 사귀나요? 오늘은 특별히 아동부 친구들을 모두 만나 볼 거예요. 평소에 말을 걸어 보거나 인사하고 싶었는데 용기가 안 나서 못 한 친구들도 많죠? 그 친구들에게 다가가 인사를 나누고, 빙고 칸 해당하는 곳에 그 친구의 이름을 받아서 오면 돼요. 시작해 볼까요?

활동 방법

① 빙고판(설교 PPT)을 보고 각 칸에 적힌 내용을 다 함께 읽는다.
② 10분 동안 자유롭게 돌아다니면서 친구와 만나 인사하고, 빙고 칸 어떤 내용에 해당하는지 물은 뒤 해당 칸에 그 사람의 이름을 적는다. 단, 자기가 적지 않고 그 친구가 직접 적어야 하고, 한 사람당 한 칸만 적는다.
③ 가로, 세로, 대각선 방향으로 저학년은 2줄, 고학년은 4줄 빙고를 완성하면 진행자에게 가져가 확인을 받는다. 상황에 따라 빙고 기준을 조정할 수 있다.
④ 10분 동안 가장 많이 빙고를 완성한 반에 점수를 준다.

새로운 친구들을 많이 만났나요? 생각했던 것보다 더 즐겁고 재미있었죠? 여러분이 서로 마음을 열고 새 친구들을 사귀면 좋겠어요. 먼저 다가가 인사도 하고 이야기도 나누면서, 서로의 새로운 동역자가 되면 좋겠어요. 근거 없는 선입견, 편견, 오해들에 사로잡혀 있으면 아무도 사귈 수 없어요. 하나님의 자녀는 하나님께서 그 친구를 바라보시는 것처럼 바라보는 사람들이에요. 새 친구들을 사귈 때 하나님의 눈으로 바라보길 바랍니다.

함께 기도해요

하나님, 오늘 활동을 하면서 하나님의 눈으로 옆 친구의 장점을 발견하고, 새로운 친구들에게 먼저 말을 건네며 이야기를 나누었어요. 앞으로도 우리 아동부가 다른 사람들을 하나님의 눈으로 바라보며, 새로운 친구들을 사귀는 아름다운 공동체가 되게 해 주세요. 예수님의 이름으로 기도합니다. 아멘.

04

1단원

ㅇㄹㅅㅂ & ㅁㄹㅇ

배울 말씀 누가복음 1장 39~45절, 56절

새길 말씀 주께서 하신 말씀이 반드시 이루어지리라고 믿은 그 여자에게 복이 있도다 (눅 1:45)

	활동명	활동 내용	준비물	시간
활동1	복이 있도다	글자 완성하기	필기도구	3분
활동2	너랑 나랑 짝꿍!	이야기 모빌 만들기	부록지, (털)실, 풀, 필기도구	7분
	목표 한 달 동안 배운 짝꿍 이야기들을 되새겨 보게 한다.			
활동3	너랑 나랑 함께!	빙고 게임	색테이프, 방석 9개, 수건(색이 다른 두 종류, 각 3개)	15분
	목표 친구와 힘을 합쳐서 빙고를 완성하며 짝꿍의 소중함을 알게 한다.			
	사전 준비와 TIP ① 색테이프로 출발선을 그리고, 조금 떨어진 바닥에 방석을 3X3 배열로 놓는다. ② 출발선에 색이 다른 두 종류의 수건을 3개씩 놓는다.			

활동 1 복이 있도다

엘리사벳이 마리아에게 어떤 말을 했는지 새길 말씀을 완성해 확인해 보세요.

성경의 짝꿍을 만나는 마지막 시간이에요. 오늘 만나 볼 네 번째 짝꿍은 누구죠? 제목이 힌트예요. 한번 맞혀 보세요. 맞아요. 엘리사벳과 마리아예요. 엘리사벳의 남편 사가랴도 천사를 만나고, 마리아도 천사를 만났어요. 천사는 엘리사벳이 주님의 은혜로 임신했다는 사실을 마리아에게 알려 줬어요. 천사의 말을 들은 마리아는 곧 엘리사벳을 만나러 그의 집으로 찾아갔죠. 교재의 그림을 보세요. 엘리사벳이 마리아에게 무언가 이야기를 해요. 그 내용이 무엇인지 새길 말씀을 완성해 알아보세요.

활동 방법

① 말풍선 빈칸에 알맞은 자음을 넣어 새길 말씀을 완성한다.
② 완성한 새길 말씀을 다 함께 소리 내어 읽는다.

주께서 하신 말씀이
반드시 이루어지리라고 믿은
그 여자에게 복이 있도다
(누가복음 1장 45절)

마리아를 만난 엘리사벳은 마리아에게 뭐라고 했죠? 마리아가 복이 있다고 했어요. 왜 복이 있을까요? 마리아는 주님께서 하신 말씀이 그대로 이루어질 것이라고 믿었기 때문이에요. 주님의 말씀을 믿는 사람들에게는 반드시 주님의 복이 임해요. 우리 모두에게 주님의 복이 임하길 소망합니다.

활동 2 너랑 나랑 짝꿍!

성경의 네 짝꿍을 기억하면서 이야기 모빌을 만들어 보세요.

우리는 한 달 동안 네 짝꿍을 만나 보았어요. 모두 잘 기억하고 있나요? 기억하는 대로 교재의 빈칸에 짝꿍 이름을 적어 주세요. 그리고 그들을 하나하나 다시 떠올리면서 모빌을 만들어 봐요. 또 가장 기억에 남는 짝꿍은 누구인지 함께 이야기 나눠요.

활동 방법

① 교재에 각 과에서 배운 짝꿍 이름을 적는다.
② 부록을 떼어낸 뒤 그림(4컷)을 보고 위쪽 빈 공간에 알맞은 짝꿍 이름을 적는다.
③ 점선대로 안으로 반을 접은 다음 뒷면에 풀칠하여 다른 그림들과 일렬로 붙여나간다.
④ 실을 ③의 중앙에 두고 처음과 마지막 그림을 서로 붙여 공 모양이 되게 한다.
⑤ 한 사람씩 돌아가며 가장 기억에 남는 짝꿍 이야기를 고르고, 왜 그것이 인상 깊었는지 이야기한다.

여러분에게는 어떤 짝꿍이 있나요? 학교에서 또는 교회에서, 나와 가장 가까이 지내는 짝꿍이 누구인지 생각해 보세요. 그리고 나와 함께하는 짝꿍을 기억하면서 그 친구를 보내 주신 하나님께 감사하는 어린이들이 돼요.

활동 3 너랑 나랑 함께!

친구와 힘을 합쳐서 빙고를 완성해요.

마리아는 왜 엘리사벳을 찾아갔나요? 주님께서 하신 말씀대로 이루어질 것을 믿었지만, 먼저 그 놀라운 일을 경험한 엘리사벳을 통해 힘과 용기를 얻고 싶어서였어요. 실제로 마리아는 엘리사벳과 함께하면서 많은 도움을 받았어요. 친구와 함께하면 큰 힘을 얻을 수 있답니다. 우리도 친구들과 함께하면서 그 힘을 느껴 볼까요?

활동 방법

① 전체 인원을 두 팀으로 나눈 뒤 각각 출발선에 한 줄로 선다.
② 각 팀의 색깔을 정하고, 어떤 팀이 먼저 시작할지 결정한다.
③ 교사가 "출발!"이라고 외치면, 첫 번째 사람이 자기 팀 수건을 하나 들고 가서 방석에 놓는다. 수건을 던지면 안 된다.
④ 앞 팀원이 출발선으로 돌아오면, 상대 팀 팀원이 출발해 수건이 놓이지 않은 방석에 자기 팀 수건을 놓는다. 이때 상대 팀의 빙고를 막으면서 자기 팀이 빙고에 성공할 수 있는 방석에 둔다.
⑤ 네 번째부터는 방석에 놓인 수건을 옮겨서 빙고를 만든다. 이때도 상대 팀의 빙고를 막으면서 자기 팀이 빙고 줄을 완성할 수 있게 한다.
⑥ 수건 놓기를 반복해서 빙고 줄 한 개를 먼저 완성하는 팀이 승리한다.

빙고 줄 만들기가 생각보다 쉽지 않았죠? 보기보다 꽤 어려웠어요. 하지만 친구와 힘을 합치니 완성할 수 있었어요. 함께한 친구들에게 수고했다고 서로 박수를 해 줄까요? 나와 함께해 주는 누군가가 있다는 것은 이렇게 중요해요. 그런데 감사하게도 우리와 평생 함께해 주시는 짝꿍이 계세요. 누굴까요? 맞아요. 예수님이에요. 예수님을 믿는 하나님의 자녀는 예수님께서 영원히 함께해 주겠다고 약속하셨어요. 예수님의 또 다른 이름인 임마누엘이 바로 '하나님께서 우리와 함께 계시다'라는 뜻이에요. 우리와 24시간 365일 항상 함께해 주시는 짝꿍 예수님을 기억하면서 감사하는 일주일을 보내요.

함께 기도해요

우리와 항상 함께해 주시는 영원한 짝꿍 예수님이 계셔서 정말 감사해요. 우리의 영원한 짝꿍이 예수님이라는 사실을 평생 기억하면서 감사하며 살래요. 그리고 우리가 힘들고 어려울 때 친구와 함께하며 위로와 힘을 얻을 수 있게 해 주셔서 감사해요. 저도 다른 친구들에게 위로와 힘을 주는 친구가 될래요. 예수님의 이름으로 기도합니다. 아멘.

2 단원

예수님의 기적

주제 **예수님은 지금도 여전히 놀라운 기적을 펼치신다.**

성경에는 예수님이 일으키신 놀라운 기적 이야기들이 많습니다. 2단원에서는 그중 동물이나 상징과 함께 기억되는 네 가지 이야기를 배웁니다. 특히 1~3과의 기적 이야기는 공관복음서에 모두 등장하는데, 이는 기적이 예수님의 사역에서 중요한 한 축이었음을 말해 줍니다.

1과는 가다라 지방에서 있었던 일로, 이곳에서 예수님은 해안 절벽 무덤가에 살던 귀신 들린 두 사람을 고쳐 주셨습니다. 가다라는 헬라파 사람들이 주로 살던 지역이었기에 유대인들은 이곳 주민을 배척했습니다. 그러나 예수님은 그들에게도 천국 복음을 전해 주셨습니다(마 4:25; 막 5:20; 7:31).

2과는 예수님이 회당장 야이로의 딸을 고쳐 주신 이야기입니다. 그의 집에 도착했을 때 열두 살 된 딸은 이미 죽어 있었습니다. 그러나 예수님은 소녀가 죽은 것이 아니라 잔다고 하시면서 "달리다굼!"이라고 하셨고, 그 말씀에 소녀는 살아났습니다. 달리다굼은 '소녀야, 일어나라'라는 뜻의 아람어인데, 마가복음에 이 말이 그대로 기록되었습니다.

3과는 예수님의 가르침을 듣고 병 고치는 은사를 보려고 많은 사람이 모였을 때 일어난 일입니다. 뇌졸중(중풍)에 걸린 병자를 데려온 사람들은 인파를 뚫고 집 안으로 들어갈 수 없자 지붕으로 올라가 기와를 벗겨내고 들것째 병자를 내렸습니다. 친구를 살리고자 최선을 다한 그들의 믿음을 보신 예수님은 병을 고쳐 주실 뿐 아니라 그의 죄까지 용서해 주셨습니다. "일어나 네 침상을 가지고 집으로 가라." 예수님의 말씀에 전신이 마비되어 꼼짝도 못하던 병자가 일어나 자기가 누웠던 들것까지 들고 하나님께 영광을 돌리며 돌아갔습니다.

4과는 요한복음에만 등장하는 이야기입니다. 시몬 베드로를 비롯한 여러 제자들이 부활하신 예수님을 만난 후 고향으로 돌아가 디베랴 호수에서 고기잡이를 하고 있었습니다. 밤새도록 그물을 내렸지만 한 마리도 잡지 못한 제자들에게 어떤 이가 다가오더니 그물을 배 오른편에 던지면 잡을 것이라고 했습니다. 제자들은 그가 누구인지 몰랐지만, 그대로 했더니 정말 많은 물고기를 잡게 됐습니다. 이후 그가 바로 예수님이라는 사실을 알게 된 제자들은 예수님과 함께 생선과 떡을 나누어 먹었습니다. 그때 잡은 물고기를 세어 보니 153마리였습니다.

마가복음 5장 36절

♩=110

작곡:이화익
편곡:이화익

01

2단원

네가 무슨 상관이야?

배울 말씀 마가복음 5장 1~20절

새길 말씀 이는 예수께서 이미 그에게 이르시기를 더러운 귀신아 그 사람에게서 나오라 하셨음이라 (막 5:8)

	활동명	활동 내용	준비물	시간
활동1	단어 속 글자 찾기	단어·문장 완성하기	필기도구	5분
활동2	내 친구를 알아봐요	인터뷰하기	필기도구, 장난감 마이크(또는 일회용 숟가락), 장난감 카메라	10분
	목표 인터뷰를 하면서 친구를 더 깊이 알고 이해하게 한다.			
	사전 준비와 TIP ① 예시된 15가지 질문 중 10개 정도 선별해도 무방하다. ② 간단한 게임으로 짝을 정해도 좋다. 예를 들어 색종이를 나눠 주고 같은 색을 가진 사람끼리, 또는 같은 도형끼리 만나게 한다.			
	같은 마음 다른 마음	밸런스 게임	부록지	10분
	목표 서로의 마음을 알아보며 친구와 내가 어떤 점에서 비슷하고 다른지 생각해 보게 한다.			
	사전 준비와 TIP ① 어린이들이 원하는 내용으로 밸런스 카드를 추가해도 좋다.			
활동3	더러운 귀신아, 나와라!	비닐봉지 놀이	비닐봉지(1인당 1개), A4용지, 큰 종이 상자(또는 큰 그릇), 색칠 도구와 색지	10분
	목표 더러운 귀신이 나가는 것을 표현하면서 에너지를 발산하게 한다.			
	사전 준비와 TIP ① 색칠 도구와 색지 등으로 종이상자를 꾸며 '돼지상자'를 만든다. ② 비닐봉지를 너무 세게 치면 터질 수 있으니 주의시킨다. ③ 둘러앉아 중앙에 상자를 놓고, 교사의 신호에 맞춰 동시에 해도 좋다.			

활동 1 단어 속 글자 찾기

보기 의 힌트를 보고, 숫자 부분에 들어갈 글자를 찾아 새길 말씀을 완성해 보세요.

오늘 새길 말씀에는 글자 대신 숫자가 쓰여 있는 곳이 여러 군데 있어요. 이 숫자 부분에 들어갈 글자를 찾아야 해요. 〈보기〉에 있는 단어들이 힌트가 될 거예요. 오늘 설교 말씀에서 들었던 예수님이 하신 일을 잘 떠올리면서 완성해 보세요.

활동 방법

① 새길 말씀 어느 부분에 숫자가 있는지 확인한다.
② 보기 의 빈칸에 들어갈 글자를 찾는다.
③ 각 숫자에 해당하는 글자를 넣어 새길 말씀을 완성한다.
④ 완성한 새길 말씀을 큰 소리로 함께 읽는다.

이는 예수께서 이미 그에게 이르시기를
더러운 ①귀 ②신 아 그 ③사 ④람 에게서
⑤나 ⑥오 ⑦라 하셨음이라
(마가복음 5장 8절)

글자 찾기가 어려웠나요? 오늘 말씀 내용을 떠올리면 쉽게 연상이 됐을 거예요. 예수님께서 명령하시자 더러운 귀신이 즉시 나간 것을 기억하길 바라요. 여러분 모두 예수님의 말씀으로 세상의 유혹도 시험도 모두 이겨나가기를 축복해요.

활동 2-1 내 친구를 알아봐요

기자가 되어 친구를 인터뷰해 보세요.

옆에 있는 친구와 둘씩 짝을 지어 볼까요? 짝이 없는 친구는 선생님과 짝을 하면 돼요.

자, 자기 짝꿍을 한번 바라보세요. 나는 짝꿍에 대해 얼마나 알고 있나요? 이번 시간에는 서로에 대해 더 깊이 알아보려고 해요. 짝꿍의 질문에 성의 있게 답해 주세요.

활동 방법

① 두 명씩 짝을 지어 번갈아 기자가 되어 짝꿍을 인터뷰한다. 짝꿍의 대답을 잘 적어 놓는다. 예시된 15가지 질문 외에 더 궁금한 점이 있으면 추가해도 된다.
② 인터뷰를 마치면 적어 둔 내용을 간추려 다른 사람들 앞에서 짝꿍을 소개한다. 교사는 "○○○ 기자님, 누구를 소개해 주시겠습니까?"라고 말하며 마이크를 건넨다.
③ 모든 사람이 인터뷰한 내용을 발표할 때까지 활동을 이어간다.

친구의 대답을 들으면서 그 친구를 더 많이 알고, 더 깊이 이해할 수 있었을 거예요. 하나님을 알아가는 것 역시 마찬가지예요. 그러니 하나님을 향해 많은 질문을 던지고 물으면서 답을 들으면 좋겠어요. 하나님을 더 깊이 이해할 수 있게 될 거예요.

활동 2-2 같은 마음 다른 마음

밸런스 카드로 서로의 마음을 알아봐요.

이번에는 친구의 마음과 내 마음이 같은지 다른지, 밸런스 게임으로 알아봐요. 여러 상황에서 나와 친구는 각각 어떤 마음인지 한번 이야기해 볼까요?

활동 방법

① 두 사람씩 짝을 지은 뒤 마주 보고 앉는다.
② 부록지에 있는 밸런스 게임 카드를 떼어내 번호 순서대로 정리한다.
③ 1번 카드의 내용을 읽고, 둘 중 자신이 원하는 것을 마음속으로 선택한다.
④ 짝꿍과 "하나, 둘, 셋!"을 동시에 외치면서, 각자 선택한 내용이 상대방을 향하도록 해서 밸런스 카드를 보여 준다.
⑤ 선택한 내용이 서로 같으면 각자의 교재에 있는 '같은 마음' 칸에 해당 카드를 올려놓고, 서로 다르면 '다른 마음' 칸에 놓는다.
⑥ 같은 방법으로 카드 번호 순서대로 이어간다. 게임을 마친 뒤 같은 마음과 다른 마음이 각각 어떤 것이었는지 짝꿍과 다시 살펴보면서 이야기를 나눈다.

누구에게는 좋은 것이 다른 이에게는 싫을 수 있어요. 마음이 다를 뿐 둘 다 절대 틀린 것은 아니에요. 그러니 서로의 다름을 인정하고 받아들이는 것이 필요해요. 다름을 인정하는 것은 하나님께서 각 사람을 지으신 목적을 인정하는 것과 같아요. 우리 모두 옆에 있는 친구에게 사랑한다고, 축복한다고 말해 줄까요?

활동 3 더러운 귀신아, 나와라!

비닐봉지를 이용해 더러운 귀신을 돼지 떼에게로 보내 주세요.

예수님께서 말씀하시자 귀신이 즉시 나갔어요. 이번 시간에는 비닐봉지를 이용해 우리도 귀신을 물리쳐 보려고 해요. 이 활동으로 지금 우리 마음에 있는 좋지 않은 생각들을 다 내보내고, 예수님 말씀으로 가득 채우면 좋겠어요.

활동 방법

① A4용지에 '더러운 귀신'을 자유롭게 표현한 후 구겨서 동그랗게 만든다.
② 비닐봉지에 바람을 넣어 묶는다. 이때 바람을 너무 꽉 채우지 않는다. 봉지 한쪽을 누르면 다른 한쪽이 불룩 올라오는 정도가 좋다.
③ 비닐봉지 한쪽에 ①을 올려놓은 다음 "더러운 귀신아, 나와라!" 하고 외치면서 손바닥으로 다른 쪽을 쳐서 공중으로 날린다.
④ 익숙해지면 종이를 날려서 '돼지상자'에 넣는 게임을 한다. 어려우면 상자 없이 누가 더 멀리 날리는지 시합해도 된다.

귀신은 언제든지 주님의 말씀으로 이길 수 있다는 사실을 잊지 마세요. 아무리 더러운 귀신이라도, 군대처럼 많은 귀신이라도 능력의 예수님은 넉넉히 이기실 수 있어요. 그러니 예수님 말씀을 의지해서 더러운 귀신에게 승리하는 한 주를 살아가길 축복해요.

함께 기도해요

하나님, 항상 우리 편이 되어 악한 세력을 이기게 하시니 감사합니다. 언제 어디서든 주님 말씀을 기억하게 해 주세요. 능력의 예수님이 나를 돕고 계심을 믿고 용기 있게 살아가게 해 주세요. 예수님의 이름으로 기도합니다. 아멘.

02

2단원

끝까지 간다!

배울 말씀 마가복음 5장 21~23절, 35~43절

새길 말씀 예수께서 그 하는 말을 곁에서 들으시고 회당장에게 이르시되 두려워하지 말고 믿기만 하라 하시고 (막 5:36)

<table>
<tr><th></th><th>활동명</th><th>활동 내용</th><th>준비물</th><th>시간</th></tr>
<tr><td>활동1</td><td>수레바퀴
암호를 풀어라</td><td>암호 풀기</td><td>부록지, 필기도구</td><td>5분</td></tr>
<tr><td rowspan="3">활동2</td><td>주사위 말씀
놀이판</td><td>보드게임</td><td>부록지, 풀</td><td rowspan="3">10분</td></tr>
<tr><td colspan="3">목표
보드게임을 통해 오늘 배운 말씀을 다시 기억하게 한다.</td></tr>
<tr><td colspan="3">사전 준비와 TIP
① 부록의 주사위, 놀이 말, 말씀 카드를 떼어낸다.
② 주사위를 접어 만들고, 놀이 말은 접어서 세워 준다.
③ 두 사람씩 짝을 짓고, 둘의 말씀 카드(16장)를 섞어 교재 옆에 그림이 보이도록 놓는다.</td></tr>
<tr><td rowspan="3">활동3</td><td>두려워하지 말고
믿기만 해라!</td><td>트러스트 폴</td><td>안전 매트</td><td rowspan="3">10분</td></tr>
<tr><td colspan="3">목표
서로를 향한 믿음을 하나님을 향한 믿음으로 확장하게 한다.</td></tr>
<tr><td colspan="3">사전 준비와 TIP
① 안전을 위해 매트 위에서 진행하는 것이 좋다.</td></tr>
</table>

활동 1 수레바퀴 암호를 풀어라

〈암호표〉를 이용해 암호를 풀어서 새길 말씀을 완성해요.

예수님께서 회당장 야이로에게 하신 말씀이 있어요. 야이로는 이 말씀을 통해 큰 힘을 얻어서 중간에 포기하지 않고 예수님을 집으로 모시고 갔죠. 끝까지 믿음을 잃어버리지 않은 야이로는 결국 놀라운 일을 경험하게 되었답니다. 예수님께서 야이로에게 하신 말씀이 무엇인지 암호를 풀어 알아볼까요?

활동 방법

① 부록의 암호표를 떼어내 교재 그림 중앙에 올린다.

② 교재에 적힌 (ㅈ)과 (ㅅ)이 기준점이다. 즉 교재의 수레바퀴 'ㅈ'에 암호표의 'ㄱ'을 맞춘 다음 '쿠터눠아디 팥조'의 자음들을 바깥쪽 수레바퀴에서 찾아 각각에 대응하는 안쪽 자음들로 바꾼다. 이때 모음은 바뀌지 않는다.

③ 이번에는 교재의 수레바퀴 'ㅅ'에 암호표의 'ㄱ'을 맞춘 다음 같은 방법으로 '킷시캉 바차'의 자음들을 바꾼다.

④ 완성한 새길 말씀을 다 함께 소리 내어 읽는다.

예수께서 그 하는 말을 곁에서 들으시고 회당장에게 이르시되
(ㅈ) 쿠터눠아디 팥조 (ㅅ) 킷시캉 바차 하시고
두려워하지 말고 믿기만 하라
(마가복음 5장 36절)

절망과 두려움에 떨고 있는 야이로에게 예수님은 "두려워하지 말고 믿기만 하라."고 말씀해 주셨어요. 이 말씀에 힘을 얻은 야이로는 예수님을 끝까지 믿어서 놀라운 일을 직접 눈으로 보게 되었어요. 자, 이제 예수님께서 야이로에게 하신 말씀을 큰 소리로 따라 해 볼까요? "두려워하지 말고 믿기만 하라!" 예수님께서 지금 우리에게도 이렇게 말씀하고 계세요.

활동 2 주사위 말씀 놀이판

주사위를 굴려서 도착점까지 먼저 가요.

단 1분이라도 빨리 집으로 돌아가고자 한 야이로의 간절한 마음을 떠올리며 우리도 길을 떠나 봐요. 주사위를 굴려서 도착점까지 먼저 가면 돼요. 말씀 카드를 잘 활용하면 더 빨리 갈 수 있답니다. 말씀 카드의 내용을 확인한 다음 게임을 시작해 볼까요?

카드① 회당장 야이로가 예수님을 찾아와 자기 딸을 고쳐 달라고 엎드려 간곡히 청했습니다.
카드② 예수님과 함께 가던 중에 회당장의 집에서 한 사람이 오더니, 야이로의 딸이 죽었다며 더 이상 예수님을 괴롭게 할 필요가 없다고 했습니다.
카드③ 두려움과 슬픔에 빠진 야이로에게 예수님께서 "두려워하지 말고 믿기만 하라!"고 말씀하셨습니다.
카드④ 예수님께서 베드로, 야고보, 요한을 데리고 회당장 야이로의 집에 이르렀습니다.
카드⑤ 야이로의 집에 도착했을 때, 사람들은 그의 딸이 죽었다며 슬피 울며 통곡하고 있었습니다.
카드⑥ 예수님은 야이로의 딸이 죽은 것이 아니라 자고 있다고 말씀하셨습니다. 이 말을 들은 사람들은 비웃었습니다.
카드⑦ 예수님은 야이로 딸의 손을 잡고는 "달리다굼!"이라고 하셨습니다. 달리다굼은 '소녀야, 일어나라'라는 뜻입니다.
카드⑧ 예수님의 말씀에 소녀가 곧바로 일어나 걸어다녔습니다. 소녀는 열두 살이었답니다.

활동 방법

① 두 사람씩 교재를 사이에 두고 마주 앉는다. 자기 놀이 말을 정해 출발점에 둔다.
② 순서를 정하고, 번갈아 주사위를 던져서 나온 숫자만큼 이동한다. 이때 말은 상하좌우 직선으로만 갈 수 있고, 꺾어지거나 대각선으로는 갈 수 없다. 단, 벽에 막혀 해당 숫자만큼 이동할 수 없으면 다른 방향으로 간다. 예를 들어 벽 때문에 위로 한 칸밖에 갈 수 없는 상황에 주사위 숫자가 3이 나오면, 좌우 또는 아래로만 이동할 수 있다.
③ 이동 중 미션이 있는 칸에 도착하면 해당 지시를 따른다.

 : 한 번 쉬기

 : 말씀 카드 뒤집어 문제 풀기. 틀리면 카드를 뒤집어 맨 아래에 다시 넣고, 맞히면 가져간다. 이후 자기 차례에 말씀 카드를 사용하면 상하좌우로 꺾어서 갈 수 있다. 예를 들어 주사위 숫자 3이 나온 경우 위로 2칸, 오른쪽으로 1칸 이동 가능.

④ 먼저 도착점에 들어가는 사람이 승리한다.

예수님과 함께 한시라도 빨리 집에 도착하고 싶어 한 야이로의 마음을 조금은 알게 되었죠? 그는 너무나 조급했지만, 그럼에도 예수님을 향한 믿음은 잃어버리지 않았어요. 우리도 예수님을 향한 흔들림 없는 믿음을 갖길 기도해요.

활동 3 두려워하지 말고 믿기만 해라!

눈을 감은 채 뒤로 넘어지는 사람을 받아 주는 트러스트 폴(Trust fall)을 해 보세요.

이 시간에는 믿음이 무엇인지 몸으로 직접 경험해 보려고 해요. 한 사람씩 나와서 매트 중앙에 똑바로 서 있다가 내 뒤에 있는 친구들, 선생님들을 믿고 뒤로 스르르 넘어지는 거예요. 뒤에 있는 사람들은 넘어지는 친구를 안전하게 받아 줘야 해요. 절대 장난치면 안 돼요. 서로 믿으면 모두가 안전할 뿐만 아니라, 교회 공동체를 향한 믿음, 하나님을 향한 믿음이 무엇인지 알 수 있게 된답니다.

활동 방법

① 한 사람씩 나와서 눈을 감고 양팔을 가슴에 모은 채 선다.
② 나머지 사람들은 그 사람의 등 뒤에 양쪽으로 서서 팔을 펼쳐 받을 준비를 한다. 안전을 위해 교사가 양쪽에 한 명씩 반드시 자리한다.
③ 교사가 "하나, 둘, 셋!"이라고 외치면 넘어지는 사람은 허리를 곧게 편 채 뒤로 일자로 눕는다. 나머지 사람들은 등과 허리를 받쳐 받아 준다.

친구들과 선생님을 믿으니까 무서워도 뒤로 넘어질 수 있었어요. 나를 안전하게 받아 줄 것이라는 믿음이 없으면 절대 할 수 없었을 거예요. 이런 100%의 마음으로 하나님을 온전히 믿으세요. 그 믿음이 우리 안에 있는 두려움을 사라지게 할 거예요.

함께 기도해요

하나님, 오직 하나님만을 전적으로 신뢰하기를 원합니다. 때로는 두렵고 불안하고 초조하기도 하지만, 하나님만을 믿고 당당히 나아가게 해 주세요. 우리에게 교회 공동체를 주심에 감사하면서 그 안에서 서로 믿고 사랑함으로 하나님을 만나는 한 주를 살아가게 해 주세요. 예수님의 이름으로 기도합니다. 아멘.

2단원

03 지붕 뚫고 스마일

배울 말씀 누가복음 5장 17~20절, 25~26절

새길 말씀 예수께서 그들의 믿음을 보시고 이르시되 이 사람아 네 죄 사함을 받았느니라 하시니 (눅 5:20)

<table>
<tr><th></th><th>활동명</th><th>활동 내용</th><th>준비물</th><th>시간</th></tr>
<tr><td>활동1</td><td>단어 만들기</td><td>자·모음
재조합하기</td><td>필기도구</td><td>5분</td></tr>
<tr><td rowspan="2">활동2</td><td>지붕을 뚫어라!</td><td>입체 그림
만들기</td><td>부록지, 풀(테이프), 필기도구</td><td rowspan="2">10분</td></tr>
<tr><td colspan="3">목표
성경 이야기를 다시 한번 기억하며 인물의 마음을 이해하게 한다.</td></tr>
<tr><td rowspan="3">활동3</td><td>힘을 합쳐
마음을 맞춰</td><td>협동 놀이</td><td>종이컵(20개), 노란 고무줄,
털실, 책상 4개</td><td rowspan="3">10분</td></tr>
<tr><td colspan="3">목표
협동심을 키우고 한마음이 되게 한다.</td></tr>
<tr><td colspan="3">사전 준비와 TIP
① 책상에 종이컵을 3단(6개)이나 4단(10개)의 피라미드 모양으로 쌓아놓는다.
② 노란 고무줄 하나에 털실을 네 방향으로 묶는다. 털실이 없으면 또 다른 노란 고무줄을 연결한다.
③ 4명씩 두 팀으로 나누어 활동하는 것이 좋지만, 인원이 부족하면 2명이 양손을 사용해도 된다. 4명 이상일 경우엔 털실을 추가로 연결한다.</td></tr>
</table>

활동 1 단어 만들기

단어의 자음과 모음을 다시 조합해서 새길 말씀을 완성해 보세요.

지붕을 뚫고 아픈 친구를 내려보내는 친구들의 마음은 두근두근했을 거예요. 예수님과 방 안에 있는 사람들이 뭐라고 할까 봐 걱정했겠죠. 그런데 그들의 마음을 아시는 예수님께서 그 마음을 기쁘게 바꾸어 주시는 말씀을 하셨어요. 뭐라고 말씀하셨는지 자음과 모음을 올바로 바꾸어 확인해 볼까요?

활동 방법

① 예시를 먼저 풀어 본다. (고학년은 바로 교재 문제를 풀어도 된다.) 단어의 자음과 모음을 일렬로 나열한 다음 재조합해 올바른 단어를 만든다.

예 라상 ⇨ ㄹ ㅏ ㅅ ㅏ ㅇ ⇨ 'ㄹ'과 'ㅅ'을 바꾸면 ⇨ ㅅ ㅏ ㄹ ㅏ ㅇ ⇨ 사랑

② 같은 방법으로 교재의 빈칸에 들어갈 올바른 단어를 찾는다.

③ 완성한 새길 말씀을 다 함께 소리 내어 읽는다.

예수께서 그들의 은밈을 보시고 이르시되

[믿음]

이 라맛아 네 죄 하삼을 받았느니라 하시니

[사람] [사함]

(누가복음 5장 20절)

뜻을 알 수 없던 단어들이 자음과 모음을 새롭게 조합하니 비로소 원래의 의미를 찾았어요. 이처럼 예수님은 우리의 엉켜 있는 마음이 다시 제자리를 찾게 도와주신답니다. 예수님의 말씀으로 모든 것이 제자리를 찾을 때 마음속에 평화가 찾아온답니다.

활동 2 지붕을 뚫어라!

오늘 배운 성경 이야기를 입체 그림으로 만들어 봐요.

중풍(뇌졸중) 환자의 친구들은 사람이 너무 많아 예수님께 다가갈 수 없자 지붕을 뚫는 창의적인 방법을 생각해 냈어요. 오늘 배운 이야기를 입체 그림으로 만들면서, 인물들의 마음이 어땠을지 이해해 봐요.

활동 방법

① 부록 그림들을 모두 떼어낸 후, 집 그림을 접는 선에 따라 접고 풀칠해 교재에 붙인다. 지붕 가운데 부분은 풀칠하지 말고 접어서 끼워 둔다.
② 예수님 그림에 풀칠해 집 안에 붙인다.
③ 중풍 환자는 이불을 덮어 침상에 붙인다.
④ 지붕을 열고 중풍 환자를 집 안으로 내리며 역할 놀이를 한다.
⑤ 예수님께서 그들을 보며 하신 말씀을 성경에서 찾아 양쪽 말풍선에 적는다.
⑥ 활동을 마친 후 집을 잡고 오른쪽으로 회전시키며 벽면의 접는 선대로 납작하게 접어 정리한다.

성경 이야기를 조금 더 잘 이해하게 되었나요? 이렇게 지붕을 뜯어내고 중풍 환자를 내려보내면서 친구들은 예수님께 폐를 끼치는 것 같아 죄송하기도 했을 거예요. 하지만 친구가 예수님께 고침받아 걷는 것을 보면서 얼마나 뿌듯했을까요? 정말 고생스럽고 힘들었지만, 절대 헛수고가 아니었어요. 앞이 꽉 막혔다고 느낄 때, 하나님께 기도하며 길을 물어 보세요. 우리가 전혀 생각지도 못한 길로 인도해 주실 거예요.

활동 3 힘을 합쳐 마음을 맞춰

친구들과 힘을 합쳐 고무줄로 종이컵을 옮겨 보세요.

이번에는 친구들과 함께 종이컵 옮기기를 할 거예요. 서로 힘을 합치고 마음을 맞춰야 해낼 수 있답니다. 그러려면 조금씩 배려하고, 힘을 조절해야겠죠? 다른 사람을 비난하기보다 서로 믿고 격려하며 마음을 모으면 분명히 잘할 수 있을 거예요. 시작해 볼까요?

활동 방법

① 두 팀으로 나누어 고무줄로 종이컵 잡는 연습을 한다. 팀별로 책상에 종이컵 1개를 뒤집어 두고, 네 명이 동시에 각자의 털실을 당겼다가 풀면서 종이컵을 잡아 들어 올린다.
② 책상에 쌓아놓은 종이컵을 ①의 방법으로 다른 책상으로 옮겨 같은 모양으로 쌓는다. 중간에 종이컵을 놓치면 원래의 자리에서 다시 시작한다.
③ 종이컵을 모두 먼저 옮기는 팀이 승리한다.

서로 한마음이 되지 않으면 컵을 쌓을 수 없어요. 힘을 주기도 하고 빼기도 하면서 함께 조절하는 게 아주 중요하죠. 나 하나쯤이야 하면서 맘대로 하면 절대 균형을 맞출 수가 없답니다. 친구 관계에서도 이런 노력이 필요해요. 서로 이해하고 배려하며 장단점을 인정해 줘야 한마음이 될 수 있어요. 그런 친구들은 하나님을 위해 큰일을 할 수 있어요.

함께 기도해요

하나님, 우리가 어려운 일을 만났을 때도 가족과 친구들과 마음을 모으고 사랑하게 해 주세요. 그리고 함께 예수님께 나아가 우리에게 말씀하시고 우리의 문제를 해결해 주시는 예수님을 만나게 해 주세요. 예수님의 이름으로 기도합니다. 아멘.

04

2단원

예!수! 크로스!

배울 말씀 요한복음 21장 5~14절

새길 말씀 시몬 베드로가 올라가서 그물을 육지에 끌어 올리니 가득히 찬 큰 물고기가 백쉰세 마리라 이같이 많으나 그물이 찢어지지 아니하였더라 (요 21:11)

	활동명	활동 내용	준비물	시간
활동1	숫자를 맞혀라!	숫자 야구 게임	필기도구	5분
활동2	배 오른편에 그물을 던져라!	입체 그림 놀이	부록지, 풀, 색칠 도구	10분
	목표 성경 이야기를 입체 그림으로 재현하면서 생동감을 느끼게 한다.			
활동3	움직이는 물고기	과학 활동	은박 접시(1인당 1개), 보드 마커, 물, 빨대, 숟가락	10분
	목표 흥미로운 과학 활동으로 성경 이야기를 오래도록 기억하게 한다.			
	사전 준비와 TIP ① 은박 접시 대신에 쿠킹 포일로 종이 접시 등을 감싸 사용할 수도 있다. ② 사용한 물을 버릴 수 있는 통을 준비하면 여러 번 활동할 수 있다. ③ 그림을 다시 그릴 때는 반드시 물을 깨끗이 닦아낸다.			

활동 1 숫자를 맞혀라!

숫자 야구 게임을 해서 빈칸에 들어갈 숫자를 맞혀 보세요.

여러분 혹시 야구 좋아하나요? 경기장에서 직접 공으로 하는 야구 말고, 숫자로 하는 야구 게임이 있어요. 오늘 그 게임을 해 볼 거예요. 숫자 야구 게임에서는 숫자와 자리가 일치하는지를 기준으로 스트라이크와 볼을 나눈답니다. 게임 규칙들을 하나하나 알려 줄 테니 잘 이해한 다음 문제를 풀어 보세요.

활동 방법

① 숫자 야구 게임의 규칙을 알려 준다.

- 숫자는 1부터 9까지만 사용한다.
- 숫자와 자리가 정확하게 일치하면 스트라이크(S)
- 숫자는 일치하지만 자리가 일치하지 않으면 볼(B)
- 숫자와 자리가 모두 일치하지 않으면 아웃(OUT)

② 교재를 보며 문제를 설명한다. '두 자릿수+세 자릿수'의 합을 구하는 문제다. 고학년은 스스로 풀고, 저학년은 교사와 함께 단계별로 풀어 나간다.

답 28 + 125 = 153

③ 새길 말씀의 빈칸에 숫자를 넣어 완성한 다음 함께 큰 소리로 읽는다.

TIP

① 활동 전 미리 교재의 새길 말씀 부분을 종이 등으로 가려 둔다. 설교 중 들은 153을 기억하고 있으면 활동 없이도 새길 말씀을 완성할 수 있기 때문이다.

② 숫자를 알아차리더라도 다른 사람들을 위해 잠시 기다리게 한다.

③ 저학년은 야구 게임 대신 숫자의 합을 구하는 활동으로 진행한다.

예 28 더하기 125는 얼마일까요? 100 더하기 50을 한 다음 다시 3을 더하면?

시몬 베드로가 올라가서 그물을 육지에 끌어 올리니
가득히 찬 큰 물고기가 153 마리라
이같이 많으나 그물이 찢어지지 아니하였더라
(요한복음 21장 11절)

제자들이 잡은 물고기는 153마리였어요. 이렇게 엄청나게 잡아 올렸지만, 신기하게도 그물이 찢어지지는 않았대요. 제자들을 다시 찾아오신 예수님은 그들이 처음 예수님을 만난 때를 기억하게 해 주신 거예요. 여러분은 예수님을 처음 만난 때를 기억하나요? 엄마 손 잡고, 친구 손 잡고 처음 교회에 왔던 날이 생각나나요? 그렇게 우리를 만나 주신 예수님의 사랑을 평생 깊이 간직하고 살아가면 좋겠어요.

활동 2 배 오른편에 그물을 던져라!

입체 그림을 만들어서 물고기로 가득한 그물을 끌어 올려 보세요.

예수님의 말씀대로 제자들은 배 오른편에 그물을 내렸어요. 그러자 물고기가 153마리나 잡혔어요. 그제야 제자들은 그 말씀을 하신 분이 예수님인 줄 알아보았대요. 우리도 제자들처럼 물고기로 가득한 그물을 끌어 올려 볼까요?

활동 방법

① 교재의 바다 그림에 다양한 물고기를 그린다.

② 부록의 그물 잡은 손 그림을 떼어서 접는 선대로 접은 다음 교재에 붙인다. 계곡접기와 산접기 표시를 확인해 정확히 접는다.

③ 부록의 파도 그림을 떼어내 접는 선대로 접어 ② 위에 붙인다.

④ 접힌 부분을 잡고 그물을 올렸다 내렸다 하며 제자들이 했던 그물질을 표현한다.

우리에게 찾아오신 예수님은 우리가 무엇을 하길 원하실까요? 우리도 용기 있게 사람을 낚는 어부가 되어 사람들을 예수님께로 인도하길 바라실 거예요. 우리 친구들이 사랑의 그물을 내리는 멋진 어부가 되길 축복해요.

활동 3 움직이는 물고기

보드 마커로 물고기를 그려 물에 떠다니게 해 보세요.

예수님 말씀대로 순종한 제자들은 어떤 물고기들을 잡았을까요? 이번 시간에는 그 물고기들을 상상하며 그려 볼 거예요. 그런데 평범한 그림이 아니랍니다. 움직이는 물고기를 그릴 거예요. 정말 살아 있는 것처럼 보이는 물고기예요. 자, 준비되었나요?

활동 방법

① 보드 마커로 은박 접시에 물고기 그림을 그린다. 선을 두껍고 진하게, 중간에 끊어지지 않게 연결해 그리거나 그림 전체를 색칠한다.

예 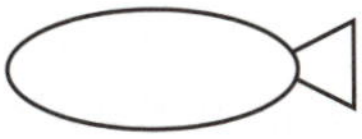 또는 

② 보드 마커의 알코올 성분이 날아가고 기름 성분만 남도록 잠시 말린다.

③ 물고기 그림에 숟가락으로 물을 조금씩 조심스럽게 붓는다. 물고기 그림이 물 위로 떠오르는 것을 확인한다. 기름이 물 위에 뜨는 성질을 이용한 활동이다.

④ 물에 뜬 물고기 그림을 빨대로 불거나 은박 접시를 살살 흔들어 움직이게 한다.

물고기를 움직이게 하는 게 조금 어려울 수도 있었는데 모두 잘했어요. 신기하기도 하고 재미도 있었죠? 물고기는 제자들에게 예수님을, 그리고 예수님의 부탁을 생각나게 하는 표시가 되었대요. 그래서 그리스도인들은 물고기 표시를 보면서 우리가 사람 낚는 어부라는 사실을 기억해요. 우리 친구들도 예수님의 부탁을 기억하고 지키는 사람이 되길 바라요.

함께 기도해요

예수님, 부활하셔서 제자들을 다시 찾아가 만나 주신 것처럼, 오늘 우리에게도 찾아와 말씀해 주셔서 감사해요. 그 말씀을 듣고 순종함으로 그물을 내리게 해 주세요. 우리도 그 옛날 제자들처럼 예수님을 전하고, 복음을 이야기하며, 사람을 살리는 제자가 되게 해 주세요. 예수님의 이름으로 기도합니다. 아멘.

3

단원

예루살렘의 사람들

주제 예수님의 예루살렘 입성 후 일주일간 있었던 이야기

3단원에서는 사순절과 관련된 상징들을 통해 예수 그리스도의 수난 이야기를 배우고, 그 의미를 생각해 봅니다. 시간 순서를 따르면, 4과에서 다루는 예수님이 어린 나귀를 타고 예루살렘에 입성하시는 이야기가 가장 먼저이고, 2~3과는 그 후 예루살렘에서 일어난 일입니다. 그러나 교회력의 종려주일에 맞추어 예루살렘 입성 이야기를 가장 마지막으로 배치했습니다.

1과는 예수님이 베다니 시몬의 집에서 식사하실 때의 이야기입니다. 한 여인이 나드 향유 한 옥합을 가지고 찾아오더니 예수님의 머리에 모두 부었습니다. 당시 나드 향유는 아주 값비싼 물건이었습니다. 제자들은 비싼 향유를 왜 낭비하느냐 발끈하며 분통을 터뜨렸습니다. 그러나 예수님은 그의 행동이 당신의 장례를 위한 일이라고 하시면서, 복음이 전파되는 곳마다 그가 한 일도 기억하게 될 것이라고 하셨습니다.

2과는 가룟 유다 이야기입니다. 예수님을 팔아넘길 생각을 하던 그는 결국 그 일을 실행에 옮겼습니다. 예수님을 팔고서 은돈 30냥을 받았습니다. 그러나 예수님이 돌아가신 후 양심의 가책을 느끼며 자기 행동을 후회했습니다. 예수님을 넘겨준 대가로 받은 돈을 제사장과 장로들에게 돌려주려 했지만 그들이 받지 않자 성소에 던져버리고는, 나가서 스스로 목숨을 끊었습니다.

3과는 예수님이 끌려가실 때 있었던 일입니다. 제자들은 모두 혼비백산하여 예수님을 버려두고 도망쳤습니다(마 26:56). 베드로는 예수와 함께 있는 모습을 봤다는 사람들의 말에 세 번이나 그를 모른다고 부인하고, 저주하며 맹세까지 했습니다. 그때 닭이 울었고, 그제야 베드로는 예수님이 하셨던 모든 말씀이 생각나 하염없이 흐느껴 울었습니다.

4과는 예수님이 예루살렘에 입성하시는 장면입니다. 어린아이부터 어른까지 많은 사람이 자기 겉옷을 벗어 길에 깔고 종려나무 가지를 흔들며 호산나를 외쳤습니다. 기쁜 마음으로 왕을 영접할 때 외치는 소리입니다. 그러나 예수님은 자신이 그들이 기대하는 메시아와 다르다는 사실을 보여 주시기 위해 평화의 동물인 나귀를 타셨습니다. 이후 사람들은 자신들의 기대와 다른 예수님을 한 치의 망설임도 없이 버렸습니다. 그러나 예수님은 그들을 끝까지 사랑하셨고, 하나님께서는 마침내 예수님을 다시 살리셨습니다.

로마서 5장 8절

♩= 170

작곡:이화익
편곡:이화익

01

3단원

마음을 드려요

배울 말씀 마가복음 14장 3~9절

새길 말씀 그는 힘을 다하여 내 몸에 향유를 부어 내 장례를 미리 준비하였느니라 내가 진실로 너희에게 이르노니 온 천하에 어디서든지 복음이 전파되는 곳에는 이 여자가 행한 일도 말하여 그를 기억하리라 하시니라 (막 14:8~9)

	활동명	활동 내용	준비물	시간
활동1	말씀과 가까이	암호 풀기	필기도구	5분
활동2	마리아처럼!	구분하여 인식하기	필기도구	10분
	목표 예수님을 향한 마리아의 마음과 제자들의 마음을 구분해 보고, 자기 마음을 표현하게 한다.			
활동3	마음을 부어요	과학 활동	큰 종이컵(또는 목이 긴 병, 1인당 1개), 식초, 색소, 베이킹 소다, 쟁반, 작은 숟가락, 부록 스티커	10분
	목표 재미있는 과학 활동으로 예수님을 향한 내 마음의 크기를 표현하고, 그 마음으로 살 것을 다짐하게 한다.			
	사전 준비와 TIP ① 식초에 미리 색소 또는 물감을 풀어 놓는다. ② 베이킹 소다가 많을수록 더 큰 반응이 일어나니 컵에 소다를 많이 넣게 한다. 단, 인원이 많으면 한 사람이 넣을 수 있는 최대치를 정해 준다. ③ 베이킹 소다를 넣으면서, 활동2에서 예수님께 드리려고 한 것들을 소리 내어 말하게 해도 좋다.			

활동 1 말씀과 가까이

도형으로 되어 있는 암호를 풀어 새길 말씀을 완성하세요.

오늘은 '향유' 하면 생각나는 성경 인물인 마리아 이야기를 들었어요. 향유는 마리아가 가진 것 중에 가장 귀한 물건이었지만, 마리아는 아낌없이 예수님께 내어드렸어요. 예수님은 마리아의 행동을 어떻게 보셨는지 암호를 풀어서 알아봐요.

활동 방법

① 제시된 표를 활용해 도형 암호를 푼다. 해당 색과 도형이 만나는 지점의 글자를 찾으면 된다.

② 도형에 알맞은 글자를 적어 새길 말씀을 완성한다.

③ 완성한 새길 말씀을 다 함께 크게 읽는다.

	○	□	△	☆	♡
빨강	반	본	은	몸	녕
주황	가	례	부	수	유
노랑	도	지	비	무	을
초록	긴	향	힘	이	비
파랑	준	강	안	어	장

그는 힘을 다하여
내 몸에 향유를 부어
내 장례를 미리 준비하였느니라
(마가복음 14장 8절)

예수님은 마리아의 행동을 보고 뭐라고 말씀하셨나요? 맞아요. 잘했다고 칭찬하시며, 예수님의 장례를 미리 준비한 것이라고 말씀하셨어요. 여러분, 우리 예수님은 중심을 보시는 분이에요. 마리아가 마음을 다해 자신의 귀한 것을 내어드릴 때, 예수님은 그 마음을 기뻐 받아 주셨답니다.

활동 2 마리아처럼!

향유 옥합에 담긴 마리아의 마음을 찾아보세요.

마리아는 예수님께 자신이 가진 값비싼 향유를 전부 부어 드렸어요. 제자들은 이 행동을 좋게 여기지 않았죠. 예수님의 생각은 제자들과 완전히 달랐어요. 이번 활동은 마리아의 생각과 제자들의 생각이 어떤 차이가 있는지 확인하고, 우리도 마리아 같은 마음을 갖기로 다짐하는 활동이에요.

활동 방법

① 교재의 단어들을 살펴보고, 예수님을 향한 마리아의 마음에 가까운 단어를 모두 찾아 동그라미를 친다.
② 질문에 대한 답을 적으면서 나의 마음을 생각해 본다.
③ 서로의 생각을 나눈다.

내가 가진 것 중에 무엇이 예수님을 향한 나의 사랑을 표현할 수 있을까요? 왜 그것으로 마음을 표현하고 싶나요?

마리아가 최고의 가치로 생각한 것은 예수님이었어요. 그러나 제자들은 아니었죠. 예수님은 그런 마리아의 마음을 알아주셨어요. 세상은 우리에게 제자들의 가치로 살아가라고 요구할 때가 많아요. 하지만 흔들리지 않고 마리아의 가치와 마음으로 예수님께 나아가기를 바랍니다.

활동 3 마음을 부어요

향유 옥합에 우리 마음을 넘치게 채워 봐요.

이번에는 재미있는 과학 활동을 하며 마리아의 마음과 더 가까워져 보려고 해요. 예수님을 향한 내 마음을 표현하는 활동이니 진지하게 참여하면서, 소중한 향유 옥합을 깨트려 예수님께 모두 드린 마리아의 마음을 느껴 봐요.

활동 방법

① 준비한 컵(또는 병)에 스티커를 붙여서 꾸민다.

② 쟁반에 ①을 세운다.

③ 작은 숟가락을 하나씩 나눠 준 다음 한 명씩 돌아가며 베이킹 소다를 떠서 컵에 넣게 한다. 한 사람당 한두 숟가락 정도 넣되, 예수님을 향한 내 마음을 표현하는 행동임을 주지시킨다.

④ 모두 참여하면 교사가 미리 준비해 둔 색깔 식초를 컵에 부어 준다. 거품이 생겨서 넘쳐흐르는 것을 확인하면서, 예수님을 향한 내 마음이 넘쳐흐르는 것임을 말해 준다.

여러분, 이번 활동을 하면서 무엇을 느꼈나요? 무엇보다 마리아가 예수님께 자기 마음을 넘치게 부어 드린 것을 기억하세요. 여러분도 언제나 어디서나 온 맘을 다해 예수님을 향한 사랑을 고백하고 표현하기를 바라요. 오늘은 비록 작은 숟가락으로 표현했지만, 나중에는 무엇으로도 다 담을 수 없는 넘치는 사랑을 고백할 수 있기를 축복해요.

함께 기도해요

사랑의 주님, 우리도 마리아처럼 예수님을 온전히 사랑할 수 있기를 원합니다. 마리아가 그랬던 것처럼, 나의 가장 귀한 것을 아낌없이 내어드리는 어린이가 되게 해 주세요. 세상이 제자들 같은 마음을 가지라고 유혹할지라도 끝까지 마음을 지킬 수 있게 도와주세요. 예수님의 이름으로 기도합니다. 아멘.

02

3단원

잘못된 기대를 버려요

배울 말씀 마태복음 26장 14~16절, 27장 3~8절

새길 말씀 그가 그 때부터 예수를 넘겨 줄 기회를 찾더라 (마 26:16)

	활동명	활동 내용	준비물	시간
활동1	가룟 유다의 잘못	단어 채우기	필기도구	5분
활동2	올바로 알아요	가로세로 낱말 퍼즐	필기도구	10분
	목표 단어의 뜻을 새기면서 성경 말씀을 바로 알게 한다.			
활동3	말씀에 집중해요	신체 활동		10분
	목표 '말'에 집중하는 신체 활동을 통해 하나님 말씀에 귀 기울이는 것이 무엇인지 알게 한다.			

활동 1 가룟 유다의 잘못

그림을 보고 숨겨진 단어를 찾아 새길 말씀을 완성해요.

오늘은 예수님을 은돈 30개에 판 가룟 유다의 이야기를 들었어요. 가룟 유다의 행동은 예수님의 마음을 아프게 했죠. 그는 예수님을 자기 소원을 들어줄 선생님으로 착각했어요. 하지만 예수님은 단순히 멋진 선생님이 아니라, 이 세상을 구원하러 오신 구원자예요. 오늘 배운 말씀을 기억하며 새길 말씀을 완성해 보세요.

활동 방법

① 은화 그림에 쓰여 있는 말들을 다 함께 읽는다.
② 그림 힌트를 보고 숨겨진 말을 유추한다. 먼저 각 사물의 이름을 맞히고, 각각의 첫 글자를 적거나 조합한다.

팁 줄
그물 + **가**방 = **그가**
기차 + **회**오리바람 = **기회**

③ 뒤섞인 순서를 올바르게 나열해 새길 말씀을 완성한다.
④ 완성한 새길 말씀을 다 함께 한목소리로 읽는다.

그가	그	때부터

예수를	넘겨	줄	기회를	찾더라

(마태복음 26장 16절)

가룟 유다는 하나님 앞에 큰 죄를 지었어요. 돈을 받고 예수님을 팔아넘긴 거예요. 오늘 말씀을 생각하면서 나 자신을 한번 돌아보기를 바라요. 혹시 실수로라도 하나님 앞에 잘못을 저지르고 있지는 않은지 말이에요. 하나님께서는 마음이나 생각으로 짓는 죄도 행동으로 옮긴 죄와 똑같다고 말씀하셨어요. 그러니 우리도 언제든 유다처럼 잘못을 저지를 수 있다는 사실을 잊지 말아야겠어요. 그리고 반드시 기억하세요. 잘못을 깨달았으면 곧바로 회개하고 하나님께 돌아가야 한다는 것을요.

활동 2 올바로 알아요

말씀을 기억하며 가로세로 낱말 퍼즐을 풀어 봐요.

교재에 가로세로 낱말 퍼즐이 있어요. 예수님과 관련된 단어들이 숨어 있대요. 가룟 유다처럼 예수님에 대해 착각하지 않으려면, 말씀을 올바로 아는 것이 중요해요. 문제를 잘 읽고 어떤 단어인지 알아맞히면서 하나하나 마음에 새겨 봐요.

활동 방법

① 문제 번호를 잘 확인하면서 가로세로 낱말 퍼즐을 푼다.
② 교사와 함께 정답을 확인한다.

	❶ 원								
❷ 예	수	❸ 그	리	스	❹ 도				
배		물			❺ 둑		❼ 십	❽ 자	가
					질	❻ 감		비	
						사			

모두 정답을 잘 맞혔나요? 예수님을 올바로 믿고 따르려면, 말씀을 잘 알아야 한다는 것을 기억하세요. 날마다 성경 말씀을 읽고 그 말씀대로 살아서 어떠한 상황에서도 흔들리거나 쓰러지지 않는 여러분이 되길 바랍니다.

활동 3 말씀에 집중해요

귀 기울여 잘 듣고 말씀대로 따라 해 보세요.

가룟 유다처럼 예수님에 대해 착각하지 않기 위해서 또 필요한 것이 있어요. 바로 하나님의 말씀, 그 음성에 귀를 기울이는 일이에요. 이번 시간에는 재미있는 게임을 통해 하나님 말씀에 귀 기울이는 연습을 해 보려고 해요.

활동 방법

① 교사는 어린이들이 잘 보이는 위치에 서고, 어린이들은 모두 교사를 향해 선다.

② 교사는 어린이들의 주의를 집중시킨 다음 "하나둘셋!"이라고 외친 후 특정 신체 부위를 말한다. 이때 손으로는 다른 신체 부위를 짚는다.

예 "하나둘셋, 머리!"라고 외치면서 어깨를 손으로 짚는다.

③ 어린이들은 교사가 손으로 짚은 곳이 아니라 말한 곳을 손으로 짚는다.

예 교사가 "머리!"를 외치면서 어깨를 짚었을 때, 어린이들은 머리를 짚는다.

④ 여러 번 반복하면서 속도를 점점 높여 난이도를 조절한다. 익숙해지면 교사 대신 어린이를 진행자로 세워도 좋다.

⑤ 틀리지 않고 제일 잘 따라 한 어린이에게 작은 선물을 준다.

이번 활동 재미있었나요? 선생님의 행동에 정신을 빼앗겨서 '말'에 집중하지 않았으면, 아마 엉뚱한 곳을 손으로 짚었을 거예요. 반면, 선생님이 하는 말에 열심히 귀를 기울인 친구들은 틀리지 않았을 거고요. 여러분, 이것을 기억하세요. 우리가 살면서 집중해야 할 것은 눈에 보이는 그 무엇이 아닌 하나님의 말씀이에요. 하나님 말씀에 집중하고 그 말씀대로 순종하며 사는 여러분이 되길 축복해요.

함께 기도해요

우리의 구원자이신 하나님, 우리를 위해 예수님을 이 땅에 보내 주셨음을 믿습니다. 우리가 가룟 유다 같은 잘못을 저지르지 않게 해 주세요. 하나님 말씀을 올바로 알고 순종하는 삶을 살게 도와주세요. 혹시 생각으로나 행동으로 지은 죄가 있으면, 빨리 깨닫고 하나님께로 돌이키게 해 주세요. 예수님의 이름으로 기도합니다. 아멘.

03

3단원

겸손하게 예수님을 바라봐요

배울 말씀 마태복음 26장 33~35절, 69~75절

새길 말씀 이에 베드로가 예수의 말씀에 닭 울기 전에 네가 세 번 나를 부인하리라 하심이 생각나서 밖에 나가서 심히 통곡하니라

(마 26:75)

	활동명	활동 내용	준비물	시간
활동1	베드로는 회개했어요	빈칸 채우기	필기도구	5분
활동2	말씀을 기억해요	색칠 및 스티커 활동	부록 스티커, 필기도구, 색칠 도구	10분
	목표 이야기의 흐름에 맞게 그림 순서를 맞추어 말씀을 기억하게 한다.			
활동3	예수님 품으로!	입으로 탁구공 불어 옮기기	부록지, 책상과 의자, 탁구공, 풀, 고무줄	10분
	목표 우리는 언제나 예수님 품으로 돌아가야 함을 알게 한다.			

활동 1 베드로는 회개했어요

그림 힌트를 보고 새길 말씀을 완성해 보세요.

오늘 새길 말씀에는 빈칸들이 여러 개 있어요. 각 칸 위에는 힌트 그림이 그려져 있고요. 그림을 보고 빈칸에 들어갈 '한 글자'를 찾아 말씀을 완성해 주세요.

활동 방법

① 빈칸의 그림을 보고 해당 칸에 알맞은 한 글자를 적는다.
② 완성한 새길 말씀을 함께 읽는다.

이에 베드로가 예수의 말씀에
닭 울기 전에 네가 세 번 나를 부인하리라
하심이 생각나서 밖에 나가서
심히 통곡하니라

(마태복음 26장 75절)

처음에 베드로는 예수님 앞에서 자신만만했어요. 자신은 절대 예수님을 배신하지 않겠다고 말이죠. 하지만 힘없이 잡혀가시는 예수님을 직접 보고 나자, 무서워 떨면서 예수님을 모른 척했어요. 베드로가 예수님을 모른다고 세 번째 부인한 바로 그때 멀리서 닭 울음소리가 들렸죠. 그제야 베드로는 예수님 말씀이 기억나면서 자기 잘못을 깨달았어요. 그러고는 슬피 울며 회개했어요.

활동 2 말씀을 기억해요

오늘 배운 말씀을 기억하며 그림의 순서를 올바로 맞춰 봐요.

예수님이 제자들에게 다가올 일에 대해 말씀하셨어요. "너희가 모두 나를 버릴 것이다." 베드로는 절대로 자기는 그러지 않을 거라며 손사래를 쳤어요. 그러나 안타깝게도 정말 예수님의 말씀대로 이루어졌죠. 그림의 순서를 올바로 맞추면서 오늘 성경 이야기를 잘 기억해 봐요.

활동 방법

① 교재의 그림을 보고 각각 어떤 장면인지 이야기를 나눈다.
② 색칠 도구로 그림의 빈 곳을 색칠한다.
③ 말풍선 스티커를 하나씩 뜯어 알맞은 장면에 붙인다.
④ 이야기의 흐름에 맞게 그림의 번호를 순서대로 적는다.

답 ② → ③ → ①

예수님 앞에서 당당히 자신했던 모습은 어디로 가고, 베드로는 예수님을 세 번이나 모른 척했어요. 그러고는 곧 자기 잘못을 깨달아 슬퍼하며 회개했어요. 이처럼 우리는 모두 언제든 흔들릴 수 있는 연약한 존재예요. 그러니 늘 겸손한 마음을 가져야 하죠. 그리고 무엇보다 잘못을 깨달으면 반드시 회개하고 하나님께로 돌아가야 해요.

활동 3 예수님 품으로!

탁구공을 불어서 예수님 품으로 빨리 돌아가요.

우리는 늘 예수님을 사랑한다고 말하고, 예수님을 배신하지 않고 끝까지 따르겠다고 자신해요. 하지만 세상의 여러 유혹 앞에서 쉽게 넘어지고 말죠. 그러나 중요한 것은 자기의 연약함을 인정하고 회개함으로 예수님께 돌아가는 것이랍니다. 이번 활동으로 베드로도 예수님께 돌아갈 수 있게 해 주세요.

활동 방법

① 부록지를 뜯어내 접는 선대로 접고 풀로 붙여 예수님 품(골대)을 만든다.
② 닭 부리 그림을 뜯어내 접는 선대로 접고 고무줄을 구멍에 끼운 다음 자기 얼굴에 맞게 길이를 조절해 묶는다.
③ 책상 한쪽 끝을 시작점으로, 반대편 끝을 골인 지점으로 정한다.
④ 한 사람씩 닭 부리를 착용하고 나와서 ①을 골인 지점에 세워 두고, 시작점에 탁구공(베드로&나)을 올려 두고 앉는다. 교사는 어린이들이 모두 동일한 위치에서 동일한 거리를 두고 활동하게 돕는다.
⑤ 교사가 "시작!"이라고 외치면, 탁구공을 입으로 불어 이동시켜서 예수님 품에 골인시킨다. 중간에 책상 밖으로 떨어지면 시작점에서 다시 시작한다.
⑥ 모든 어린이가 참여할 때까지 활동을 이어가고, 가장 빨리 골인시킨 어린이에게 작은 선물을 준다.

닭 울음소리를 들은 베드로는 잘못을 깨닫고 회개하며 예수님께로 돌아갔어요. 이처럼 우리도 순간순간 실수와 잘못을 할 수 있지만, 다시 예수님 품으로 돌아가야 해요. 기억하세요! 예수님은 다시 품으로 돌아오는 여러분을 언제나 용서해 주신다는 사실을 말이에요.

함께 기도해요

언제나 우리를 사랑해 주시고 용서하시는 하나님, 감사합니다. 하나님 앞에 늘 겸손한 마음으로 나아가서 주님 품에 거하게 해 주세요. 혹시 잘못인 줄 알면서도, 아니면 실수로라도 잘못을 저질렀으면 빨리 깨닫고 회개함으로 다시 주님께 돌아갈 수 있게 도와주세요. 예수님의 이름으로 기도합니다. 아멘.

04

3단원

호산나! 어린 나귀를 타셨어요

배울 말씀 마가복음 11장 1~11절

새길 말씀 앞에서 가고 뒤에서 따르는 자들이 소리 지르되 호산나 찬송하리로다 주의 이름으로 오시는 이여 찬송하리로다 오는 우리 조상 다윗의 나라여 가장 높은 곳에서 호산나 하더라 (막 11:9~10)

	활동명	활동 내용	준비물	시간
활동1	어린 나귀 타신 예수님	칠교놀이	부록지, 필기도구	5분
활동2	예루살렘으로!	미로 찾기	필기도구, 마스킹테이프	10분
활동2	**목표** 미로에서 예루살렘으로 가는 길을 찾으며 성경 이야기를 기억하게 한다.			
활동3	연약한 나를 사용하셨어요	어린 나귀 머리띠 만들기	부록지, 필기도구, 꾸미기 스티커, 고무줄	10분
활동3	**목표** 자기의 연약함이 무엇인지 생각해 보고, 그것을 놀랍게 사용하실 하나님을 기대하게 한다.			
활동3	**사전 준비와 TIP** ① 어린 나귀의 연약함을 사용하신 예수님을 기억하는 활동이다. 단순히 즐거움을 추구하기보다 연약한 나 자신과 예수님을 생각하는 분위기를 만드는 데 초점을 둔다. ② 옷과 종려나무 가지(그림 또는 실물)를 준비하여 예배실 한편을 예루살렘으로 가는 길처럼 꾸민다. ③ 어린 나귀 역할을 하는 어린이 외에는 군중이 되어 함께 "호산나!"를 외치도록 이끈다.			

활동 1 어린 나귀 타신 예수님

칠교놀이 조각으로 그림을 완성해 빈칸을 채워 보세요.

교재의 그림이 무엇인 것 같나요? 맞아요. 옷과 나귀 타신 예수님의 모습이에요. 그런데 아직 완성을 못 했네요. 여러분이 직접 칠교놀이 조각으로 그림을 완성해 주세요. 그리고 칠교 조각에 있는 글자들로 새길 말씀의 빈칸을 채워 보세요.

활동 방법

① 부록의 칠교놀이 조각을 뜯는다.

② 앞뒤 색을 잘 확인하여, 색이 진한 면이 위로 오게 놓는다.

③ 조각들로 첫 번째 그림(옷 모양)을 완성한다. 연하게 칠해진 부분을 힌트로 활용하면 더 쉽게 맞출 수 있다.

④ 배치한 칠교놀이 조각에 있는 글자들을 조합하여 그림 아래에 있는 빈칸에 적는다.

⑤ 모든 조각을 뒤집어 연한 색 면이 위로 오게 한 뒤, 두 번째 그림(나귀를 타신 예수님 모습)을 완성하고 빈칸에 알맞은 말을 적는다.

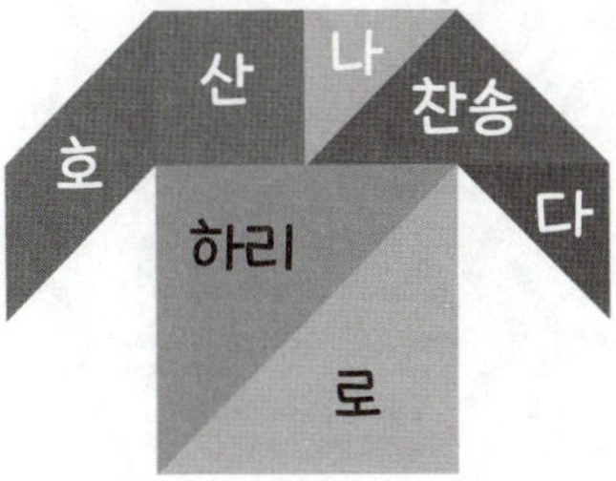

호산나 찬송하리로다

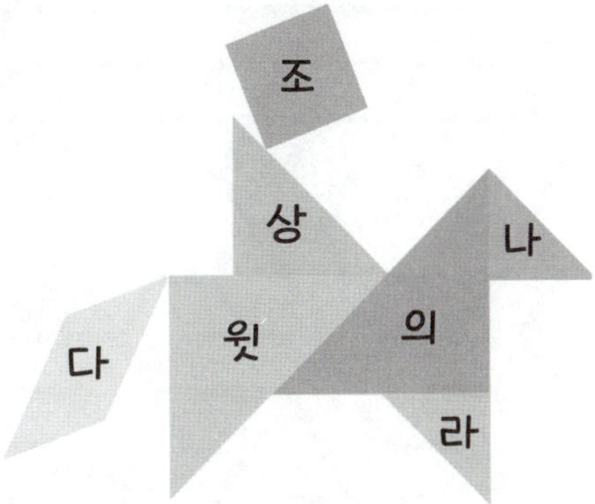

조상 다윗의 나라

칠교놀이를 통해 완성한 문구를 다 함께 읽어 볼까요? "호산나 찬송하리로다!", "조상 다윗의 나라!" 이것은 어린 나귀를 타고 예루살렘 성으로 들어가시는 예수님을 향해 이스라엘 백성이 외친 말이에요. 이렇게 사람들은 기뻐하고 감격하며 예수님의 오심을 환영했답니다.

활동 2 예루살렘으로!

미로에서 예루살렘으로 가는 길을 찾아요.

이번 활동은 미로 찾기예요. 시작점에는 어린 나귀를 타신 예수님이 계시고, 도착점에는 예루살렘 성전이 있네요. 예수님이 예루살렘으로 가실 수 있게 선으로 길을 찾아 주세요. 그리고 예수님이 가시는 길에 사람들이 자기 옷을 깔아 드린 일을 기억하면서, 우리가 찾은 길에 마스킹테이프를 정성껏 붙이면서 예수님을 기쁜 마음으로 맞이해요.

활동 방법

① 어린 나귀를 타신 예수님이 예루살렘 성까지 가는 길을 연필로 선을 그으면서 찾는다.
② 찾은 길에 마스킹테이프를 붙인다. 저학년은 연필로 미리 선을 그은 후 붙이고, 고학년은 그 과정을 생략하고 바로 테이프를 붙여도 된다.

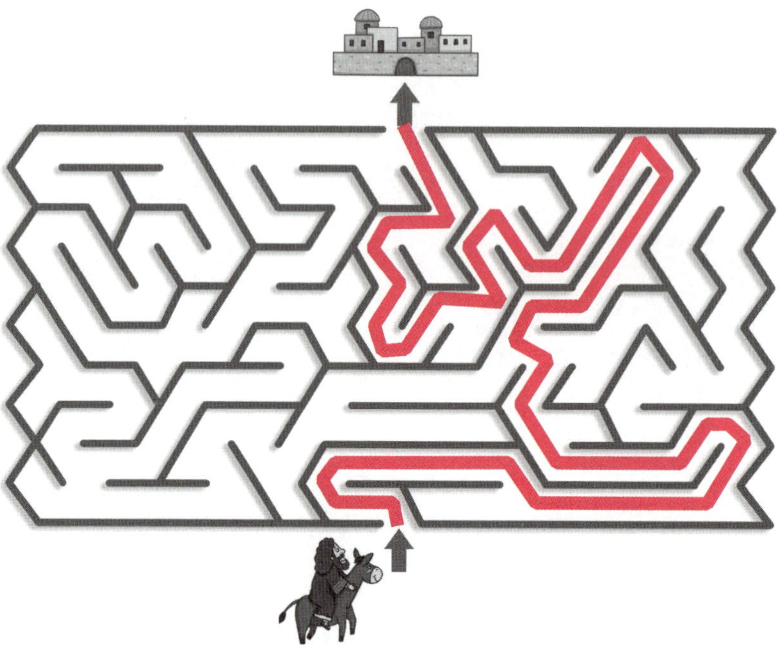

복잡하게 이어진 길을 마스킹테이프로 잘 연결해 주었나요? 여러분이 정성껏 이어서 만든 길은 예수님이 어린 나귀를 타고 오르신 예루살렘 언덕길을 떠오르게 해요. 사람들이 예수님을 얼마나 기쁜 마음으로 환영했을지 상상해 보며 활동을 마무리해요.

활동 3 연약한 나를 사용하셨어요

나귀 머리띠를 만들어 쓰고 예수님을 태운 어린 나귀의 마음을 느껴 봐요.

예수님은 예루살렘에 오르실 때, 왕들이 타던 멋진 말이 아니라 평범한 나귀를 타셨어요. 그것도 어린 나귀를요. 예수님은 비록 보잘것없고 부족해 보이더라도 선택하시고, 그것을 사용해 놀라운 일을 행하신답니다. 이번 활동에서는 우리가 예수님이 선택하신 어린 나귀가 되어 예루살렘으로 가는 길을 걸어 볼 거예요.

활동 방법

① 나귀 머리띠 그림을 떼어내 자유롭게 스티커를 붙여 꾸민다.

② 교재에 있는 글을 참고해서 머리띠에 있는 두 개의 보따리 그림에 적는다. 왼쪽에는 자신의 연약함 한 가지를 적고, 오른쪽에는 나의 그 연약함을 예수님께서 어떻게 채워서 사용하실지 기대를 적는다.

③ 자기 머리에 맞게 고무줄을 연결해서 머리띠를 완성한다.

④ 각자 만든 머리띠를 쓴 채 한 사람씩 나와서, 사전에 꾸며 놓은 예루살렘으로 가는 길 앞에 선다. ②의 내용을 다른 사람들 앞에서 발표한 후 길을 걸어간다. 나머지 어린이들은 길 양옆에서 "호산나!"를 외치며 군중 역할을 한다.

어린 나귀가 되어 예루살렘 길을 걸어 보니 어떤가요? 즐거웠나요? 하지만 단순한 즐거움보다 예수님이 나를 위해 이 땅에 오셨고, 겸손과 영광의 모습으로 오셨음을 기억하길 바라요. 그리고 어린 나귀를 선택하신 것처럼, 연약하고 부족한 우리를 택해 놀랍게 사용하실 예수님을 기대하는 어린이들이 되길 축복해요.

함께 기도해요

호산나, 우리의 구원자로 오신 예수님을 찬양합니다. 예수님이 어린 나귀를 타고 예루살렘에 오르신 일을 배우게 해 주셔서 감사해요. 어린 나귀처럼 우리도 부족하고 연약하지만 예수님께서 놀랍게 사용하실 것을 기대해요. 나를 사용하실 예수님을 믿고 의지하는 믿음이 흔들리지 않게 도와주세요. 예수님의 이름으로 기도합니다. 아멘.

4 단원

나를 상징하는 물건

주제 내가 가진 것이 곧 나다.

4단원에서는 성경 인물과 함께 떠오르는 여러 상징물에 대해 알아봅니다. 어떤 사건이나 인물과 엮이면서 독특한 의미를 갖게 된 것이 '상징' 또는 '상징물'입니다.

1과에서는 십자가가 언제부터 그리고 어떤 이유로 그리스도인과 교회를 의미하는 대표 상징물이 되었는지 알아봅니다. 본래 십자가는 사람을 고문하고 사형을 집행할 때 사용한 열 십(+) 자 모양의 형벌 도구입니다. 그러나 예수님의 죽음과 부활 이후 십자가는 예수 그리스도를 상징하게 되었고, 이후 예수 그리스도를 따르는 사람들, 즉 그리스도인을 뜻하는 종교적 의미를 갖게 되었습니다.

2과는 요시야 왕과 율법책에 관한 이야기입니다. 요시야는 8세의 어린 나이에 왕위에 올라 31년간 남유다를 다스렸습니다(대하 34:1). 통치 18년째가 되던 해(26세)에 하나님의 성전을 새롭게 단장하던 중 율법책을 발견했습니다. 그리고 유다와 예루살렘의 모든 사람과 함께 율법책에 기록된 내용을 큰 소리로 읽고, 그것을 지키며 믿음과 순종으로 하나님을 따르기로 약속했습니다. 요시야 왕은 제2의 종교개혁이라 불리는 대대적인 정결 작업과 영적 각성을 통해 백성의 잃어버린 신앙을 회복했습니다.

3과는 엄청난 괴력의 소유자 삼손 이야기입니다. 삼손은 우리에게 꽤 익숙한 인물이며, 특히 그의 긴 머리카락에 얽힌 이야기는 영화나 뮤지컬로도 만들어질 만큼 매우 유명합니다. 구약의 마지막 사사였던 삼손은 태어날 때부터 '나실인'이었습니다. 나실인이란 '구분(구별)된 자'라는 뜻으로, 일평생 또는 특별한 헌신을 위해 한시적으로 세상과 단절하고 스스로를 구별하여 하나님께 자신을 봉헌한 사람을 말합니다.

4과의 주인공은 세례 요한과 낙타털로 만든 그의 옷입니다. 요한은 '광야에 외치는 자의 소리(마 3:3)'라는 별명으로 불리기도 했고, 예수님께 '최고의 예언자(마 11:10, 메시지성경)', '여자가 낳은 자 중 가장 큰 자'라는 칭찬을 듣기도 했습니다(마 11:11). 낙타털 옷을 입고 메뚜기와 석청(야산이나 들판에서 채집한 야생 벌꿀)을 먹으며 광야에서 생활했다는 기록은 그가 철저하게 금욕과 경건의 생활을 하면서 복음을 전파했음을 보여 줍니다.

열왕기하 23장 3절

작곡:이화익
편곡:이화익

01 그리스도인과 십자가

4단원

배울 말씀 마태복음 27장 21~26절, 33~37절

새길 말씀 그러나 내게는 우리 주 예수 그리스도의 십자가 외에 결코 자랑할 것이 없으니 그리스도로 말미암아 세상이 나를 대하여 십자가에 못 박히고 내가 또한 세상을 대하여 그러하니라 (갈 6:14)

	활동명	활동 내용	준비물	시간
활동1	글자 잇기	문장 찾기	색칠 도구	5분
	사전 준비와 TIP ① 성경책을 준비하여 미리 새길 말씀을 찾아 두고 확인하며 활동해도 좋다.			
활동2	예수님 이야기	이야기 만들기	부록지, 필기도구	10분
	목표 다른 사람에게 예수님의 이야기를 전달하는 법을 연습하게 한다.			
활동3	이야기 십자가	십자가 색칠하기	부록지, 색연필	10분
	목표 예수님의 이야기를 떠올릴 수 있도록 색을 활용한 나만의 십자가를 만들게 한다.			

활동 1 글자 잇기

새길 말씀을 따라 글자를 색칠해 보세요. 어떤 그림이 드러나나요?

글자판에 여러 글자들이 어지럽게 적혀 있어요. 그런데 새길 말씀을 따라 색칠해 나가다 보면 뭔가 그림이 그려진답니다. 어떤 그림일지 기대하면서 따라가 봐요.

활동 방법

① 빨간색 칸에서 시작해 새길 말씀대로 따라가며 글자를 색칠한다.

② 십자가 모양을 완성한 뒤 색칠한 글자를 순서대로 읽는다.

③ 추가로 ②에서 완성한 십자가 바깥 부분, 즉 왼쪽 위 '총독이'로 시작하는 예수님 이야기를 색칠해 십자가가 드러나게 하는 활동을 진행할 수도 있다.

총	독	이	대	답	하	여	이	르	되	둘	중	의
누	구	를	너	희	에	게	놓	아	주	기	를	원
하	느	냐	이	르	그	러	나	되	바	라	바	로
소	이	다	빌	라	박	히	내	도	가	이	르	되
그	러	면	그	리	못	고	게	스	도	라	하	는
예	수	십	자	가	에	내	는	우	리	주	를	내
가	어	여	예	수	님	가	십	자	가	예	떻	게
하	랴	하	대	를	나	또	스	리	그	수	그	들
이	다	이	르	되	이	한	도	십	자	가	에	못
박	혀	야	겠	나	상	세	의	이	다	빌	라	도
가	이	르	되	어	세	상	십	찜	이	냐	무	슨
악	한	일	을	하	아	을	자	였	느	냐	그	들
이	더	욱	소	리	암	대	가	질	러	이	르	되
십	자	가	에	못	미	하	외	박	혀	야	하	겠
나	이	다	하	는	말	여	에	지	라	빌	라	도
가	아	무	성	과	로	그	결	도	없	이	도	리
어	민	란	이	나	도	러	코	려	는	것	을	보
고	물	을	가	져	스	하	자	다	가	무	리	앞
에	서	손	을	씻	리	니	랑	으	며	이	르	되
이	사	람	의	피	그	라	할	에	대	하	여	나
는	무	죄	하	니	니	.	것	너	희	가	당	하
라	백	성	이	대	으	없	이	답	하	여	이	르
되	그	피	를	우	리	와	우	리	자	손	에	게
돌	릴	지	어	다	하	거	늘	이	에	바	라	바

총	독	이	대	답	하	여	이	르	되	둘	중	의
누	구	를	너	희	에	게	놓	아	주	기	를	원
하	느	냐	이	르	그	러	나	되	바	라	바	로
소	이	다	빌	라	박	히	내	도	가	이	르	되
그	러	면	그	리	못	고	게	스	도	라	하	는
예	수	십	자	가	에	내	는	우	리	주	를	내
가	어	여	예	수	님	가	십	자	가	예	떻	게
하	랴	하	대	를	나	또	스	리	그	수	그	들
이	다	이	르	되	이	한	도	십	자	가	에	못
박	혀	야	겠	나	상	세	의	이	다	빌	라	도
가	이	르	되	어	세	상	십	찜	이	냐	무	슨
악	한	일	을	하	아	을	자	였	느	냐	그	들
이	더	욱	소	리	암	대	가	질	러	이	르	되
십	자	가	에	못	미	하	외	박	혀	야	하	겠
나	이	다	하	는	말	여	에	지	라	빌	라	도
가	아	무	성	과	로	그	결	도	없	이	도	리
어	민	란	이	나	도	러	코	려	는	것	을	보
고	물	을	가	져	스	하	자	다	가	무	리	앞
에	서	손	을	씻	리	니	랑	으	며	이	르	되
이	사	람	의	피	그	라	할	에	대	하	여	나
는	무	죄	하	니	니	.	것	너	희	가	당	하
라	백	성	이	대	으	없	이	답	하	여	이	르
되	그	피	를	우	리	와	우	리	자	손	에	게
돌	릴	지	어	다	하	거	늘	이	에	바	라	바

글자들을 순서대로 연결해 십자가를 만들었어요. 그랬더니 말씀의 의미가 더 분명하게 다가오지 않나요? 오늘 우리가 하는 활동들이 십자가의 의미를 더 깊이 생각하고 깨닫는 기회가 되길 바라요.

활동 2 예수님 이야기

이야기 카드를 한 장 고르고, 주어진 질문에 답해 보세요. 그리고 친구에게 내가 알고 있는 예수님 이야기를 전해 주세요.

성경에는 정말 많은 예수님 이야기가 담겨 있어요. 그중에 여러분은 어떤 이야기를 알고 있나요? 이번 시간에는 내가 아는 예수님 이야기를 친구에게 직접 전하는 활동을 해 볼 거예요.

활동 방법

① 이야기 카드 4장을 모두 뜯어낸 다음 친구에게 설명해 줄 카드를 한 장 고른다.

이야기 카드 내용

- 사마리아 여인과 우물 앞에서 대화하시는 예수님
- 세례 요한에게 세례를 받으시는 예수님
- 가나안 혼인 잔치에서 물을 포도주로 만드신 예수님
- 아이가 가져온 보리떡과 물고기를 받으시는 예수님

② 선택한 카드의 그림을 보면서 교재에 제시된 6개의 질문에 답을 적는다.

③ 둘씩 짝을 지어 ②에서 정리한 내용을 바탕으로 서로에게 그림 속 예수님 이야기를 설명한다.

어디에서 일어난 일인가요?	
등장인물은 누구인가요?	
어떤 대화를 주고받았나요?	
예수님은 어떤 일을 하셨나요?	
대화 상대는 어떤 변화를 경험했나요?	
이 이야기에 제목을 붙여 주세요.	이야기 카드에 직접 적어요.

막연하게 알고 있었던 이야기가 좀 정리가 되었나요? 예수님의 이야기를 알면 예수님이 어떤 분인지 더 분명히 알 수 있답니다. 그러니 오늘 선택한 이야기 외에도 예수님의 모든 이야기를 알면 훨씬 좋겠죠?

활동 3 이야기 십자가

예수님 이야기를 떠올릴 수 있는 나만의 십자가를 만들어 봐요.

첫 번째 활동에서 글자들을 이용해서 십자가를 만들어 보았죠? 이번에는 색을 사용해서 예수님 이야기를 떠올릴 수 있는 십자가를 만들어 볼 거예요.

활동 방법

① 활동 2에서 자기가 고른 이야기 카드의 그림에 어떤 색들이 있는지 살펴본다.
② 그림에 사용된 색들과 같은 색 색연필로 카드 뒷면에 있는 십자가를 색칠한다.
③ 한 사람씩 돌아가면서 십자가를 칠한 색이 그림의 어느 부분에 있는지 설명한다.
④ 나머지 3장의 카드도 같은 방법으로 활동한다.

상징은 언제나 이야기와 연결돼요. 예수님의 상징인 십자가를 통해 예수님과 예수님의 이야기를 떠올리게 되는 것처럼요. 여러분이 직접 칠한 십자가의 색을 보면서 앞쪽 그림을 기억해 보세요. 그리고 그림과 관련된 이야기를 기억해내 보세요. 이제 이 십자가는 나만의 이야기 십자가가 된 거랍니다.

함께 기도해요

예수님, 우리를 위해 이 땅에 오셔서 십자가의 사랑을 보여 주셔서 감사합니다. 십자가를 바라볼 때마다 예수님을 기억하고, 오직 십자가만 자랑하는 예수님의 제자가 되게 해 주세요. 예수님의 이름으로 기도합니다. 아멘.

02

4단원

요시야와 율법책

배울 말씀 열왕기하 22장 1~5절, 13절, 23장 1~3절

새길 말씀 왕이 단 위에 서서 여호와 앞에서 언약을 세우되 마음을 다하고 뜻을 다하여 여호와께 순종하고 그의 계명과 법도와 율례를 지켜 이 책에 기록된 이 언약의 말씀을 이루게 하리라 하매 백성이 다 그 언약을 따르기로 하니라 (왕하 23:3)

	활동명	활동 내용	준비물	시간
활동1	연속 말하기	릴레이 게임	필기도구, 작은 종이(인원수만큼)	5분
	사전 준비와 TIP ① 팀 인원수에 맞게 쪽지를 준비하여 새길 말씀을 나누어 적는다. 예를 들어 5명인 경우, 새길 말씀을 5마디로 나누어 각각 적는다. ② 쪽지 내용이 보이지 않게 접어 둔다.			
활동2	요시야 이야기	스토리북 만들기	부록지, 필기도구, 풀	10분
	목표 스토리북을 만들며 요시야 왕의 개혁이 어떻게 이루어졌는지 알게 한다.			
활동3	성경 내비게이션	길찾기	필기도구	10분
	목표 성경 속에 우리가 따라가야 할 길이 있다는 사실을 알게 한다.			

활동 1 연속 말하기

릴레이 게임을 하면서 새길 말씀을 익혀 보세요.

오늘 새길 말씀은 참 길어요. 그렇다고 그냥 읽고만 끝내면 안 되겠죠? 말씀을 잘 기억하기 위해 다 같이 릴레이 게임을 해 볼 거예요. 아무리 긴 말씀도 친구들과 힘을 합치면 해낼 수 있답니다.

활동 방법

① 한 사람씩 돌아가면서 말씀을 적은 종이를 한 개씩 뽑는다.
② 자기가 뽑은 말씀을 혼자서 세 번 소리 내어 읽는다.
③ 팀원들과 모여 서로의 말씀을 비교해 살펴보고, 각 구절이 어떤 순서로 배치되어야 할지 의논하여 정한다.
④ 구절 순서대로 일렬로 선 다음 첫 번째 어린이가 자기 구절을 크게 읽은 후 자리에 앉는다. 이어서 순서대로 말한 후 앉기를 반복해 전체 문장을 완성한다.
⑤ 교사가 어린이들이 완성한 구절이 올바른지 확인해 준다. 이때 맞았는지 틀렸는지만 알려 주고, 구체적인 수정 사항은 언급하지 않는다.
⑥ 올바른 순서로 말씀을 완성할 때까지 3~4회 반복한다.

릴레이로 말하는 놀이, 어땠나요? 생각보다 쉽지 않았죠? 그래도 함께 활동한 덕분에 좀 더 오래 기억에 남으리라고 생각해요. 모두 잘했어요.

활동 2 요시야 이야기

잃어버린 말씀을 찾은 요시야에게 어떤 일이 일어났을까요? 그림을 보고 설명을 들으며 요시야의 개혁에 대해 알아봐요.

잃어버린 말씀을 찾은 요시야는 책의 내용대로 사람들의 마음을 하나님께로 돌려놓기 위해 개혁을 시작했어요. 그 내용이 무엇이었는지 함께 살펴봐요.

활동 방법

① 부록의 스토리북을 뜯는다.

② 각 그림에 대한 설명을 듣고 제목을 적는다.

- 첫 번째 그림은 두루마리를 처음 발견한 순간이에요. 그림 아래에 이 장면의 제목을 적어 보세요. '율법책을 발견했어요.'
- 두 번째 그림은 두루마리의 내용을 성경학자 사반이 요시야 왕에게 읽어 주는 장면이에요. 제목을 적어 보세요. '요시야가 하나님의 말씀을 들었어요.'
- 세 번째 그림은 요시야가 두루마리의 말씀을 많은 사람 앞에서 낭독하는 장면이에요. 제목을 이렇게 적어 보세요. '이스라엘에게 말씀을 들려주었어요.'
- 네 번째 그림은 이스라엘에 있는 바알과 아세라 신상을 부수는 장면이에요. 요시야 왕은 이스라엘을 하나님의 말씀에서 멀어지게 한 이 신상들을 다 부수라고 명령했어요. 제목을 이렇게 적어 보세요. '모든 우상을 부수었어요.'
- 다섯 번째 그림은 요시야 왕이 모든 우상을 없앤 후 하나님께 감사 예배를 드리고, 앞으로는 절대 우상을 섬기지 않고 하나님 말씀만 따르겠다고 다짐하는 장면이에요. 제목을 이렇게 적어요. '하나님 앞에서 새롭게 다짐했어요.'

③ 점선을 따라 접고 풀로 붙여서 책으로 만든다.

완성한 스토리북을 집으로 가져가서 부모님께 오늘 배운 요시야 왕의 이야기를 해 주세요. 그리고 집에 있는 성경책을 찾아보면 어떨까요? 요시야 왕이 그랬던 것처럼요!

활동 3 성경 내비게이션

말씀에는 우리가 가야 할 방향이 적혀 있답니다. 성경책에서 직접 찾아 확인해 보세요.

하나님은 말씀으로 우리를 가르쳐 주세요. 그래서 말씀을 읽으면 우리가 어디로 가야 하는지를 알 수 있죠. 마치 내비게이션처럼요. 말씀이 어느 방향으로 가라고 하는지 찾아서 어지러운 미로에서 탈출해 봐요.

활동 방법

① 출발 칸에서 시작해 도착 칸까지 화살표를 따라 이동한다. 도중에 말씀이 적힌 칸에 도착하면 성경책에서 직접 찾아 읽고, 그 구절에 있는 방향 지시어대로 움직인다. 교사는 성경책 찾기를 어려워하는 어린이들을 도와준다.

출 14:16 – 위로 / 겔 20:37 – 아래로 / 시 121:5 – 오른쪽 / 왕하 2:1 – 하늘로 올리고자 / 마 22:44 – 아래에(화살표 되돌아옴), 우편에(오른쪽) / 시 61:4 – 아래로 / 삼하 24:5 – 오른쪽 / 욥 38:16 – 밑으로

② 각자 찾은 길을 비교하면서 정답을 확인한다.

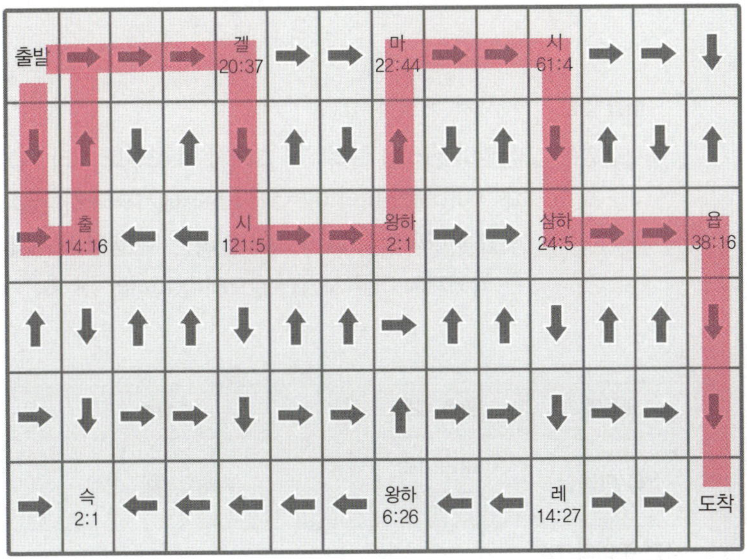

오른쪽, 아래, 위, 말씀이 지시하는 방향대로 잘 따라갔나요? 오늘 찾은 말씀들은 방향을 가르쳐 주었지만, 성경의 수많은 말씀은 우리가 해야 할 일을 말해 주고 있답니다. 그 말씀대로 살면 우리 모두 하나님이 원하시는 곳에 도달할 수 있겠죠?

함께 기도해요

사랑의 주님, 우리에게 말씀을 주셔서 감사합니다. 하나님 말씀으로 나라를 바로 세운 요시야 왕을 기억하며 우리도 말씀을 따라 살아가게 해 주세요. 하나님이 기뻐하시는 하나님의 자녀로 살아가게 해 주세요. 예수님의 이름으로 기도합니다. 아멘.

03

4단원

삼손과 머리털

배울 말씀 사사기 16장 4~31절

새길 말씀 삼손이 진심을 드러내어 그에게 이르되 내 머리 위에는 삭도를 대지 아니하였나니 이는 내가 모태에서부터 하나님의 나실인이 되었음이라 만일 내 머리가 밀리면 내 힘이 내게서 떠나고 나는 약해져서 다른 사람과 같으리라 하니라 (삿 16:17)

	활동명	활동 내용	준비물	시간
활동1	소라 미용실	머리카락 자르기	부록지, 풀, 가위	10분
	사전 준비와 TIP ① 부록의 글자가 적힌 머리카락 그림을 한 올씩 뜯어낸다. 끊어지기 쉬우니 칼선을 충분히 접은 뒤 뜯거나 가위로 오린다.			
활동2	나실인의 규칙 OX	대화하기	필기도구	5분
	목표 나실인의 규칙이 무엇을 위한 것인지 생각해 보게 한다.			
활동3	하나님이 주신 힘으로	삼손 만들기	부록지, 휴지심(또는 나무 블록, 1인당 2개), 구부러지는 빨대(1인당 2개), 테이프	10분
	목표 삼손의 힘이 누구에게서 왔는지 이해하게 한다.			
	사전 준비와 TIP ① 휴지심, 나무 블록, 속이 빈 작은 상자 등 빨대로 불어 넘어뜨릴 수 있는 물건을 기둥으로 준비한다.			

활동 1 소라 미용실

민성이의 앞머리가 너무 길어서 앞이 보이지 않을 지경이에요. 새길 말씀만 남기고 깔끔하게 다듬어 주세요.

오늘 말씀을 잘 들었나요? 머리카락이 잘려 나간 삼손의 이야기를 기억하며, 우리도 가위질을 해서 새길 말씀을 완성할 거예요. 이름하여 소라 미용실!

활동 방법

① 부록의 머리카락을 칼선대로 뜯고 풀칠해 교재에 붙인다.
② 머리카락에 새길 말씀만 남도록 나머지 부분을 가위로 잘라낸다. 이때 교사가 새길 말씀을 읽으면서 힌트를 줄 수도 있다.
③ 완성한 새길 말씀을 다 함께 큰 소리로 읽는다.

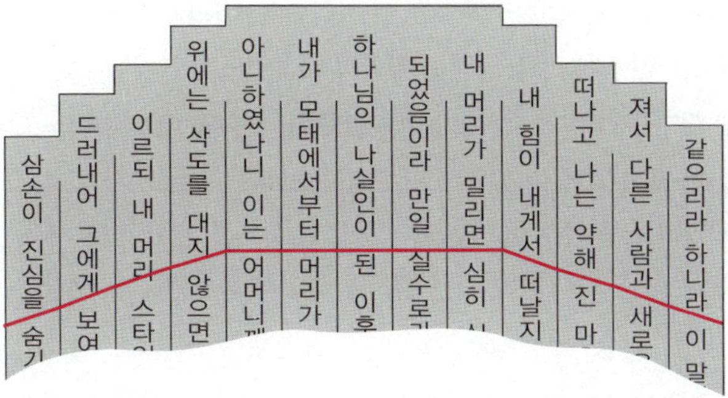

다들 민성이 머리카락을 깔끔하게 다듬어 주었나요? 가위질이 처음에는 어색해도 한두 번 해 보니까 어렵지 않았죠? 머리카락을 잘랐더니 민성이의 예쁜 두 눈이 드러났네요. 머리카락에 가려져 보이지 않던 것이 이제 아주 잘 보일 것 같아요.

활동 2 나실인의 규칙 OX

OX 퀴즈를 풀면서 나실인에 대해 함께 이야기해 봐요.

나실인으로 하나님께 서원한 사람이 생활 속에서 꼭 지켜야 할 규칙들이 있었어요. 그림을 보면서 어떤 것은 되고, 어떤 것은 안 되는지 구별해 봐요.

활동 방법

① 그림을 보고 나실인이 해도 되는 행동에는 O, 안 되는 행동에는 X표를 한다.

② 나실인에게 어떤 규칙이 있었는지, 또 이런 규칙을 왜 지켜야 했는지를 설명해 준다.

- **포도주 마시기 vs 샘물 마시기** : 포도주는 X예요. 술에 취하면 자기도 모르게 하나님이 싫어하시는 죄를 지을 수 있기 때문이에요. 하지만 광야의 샘물은 먹어도 돼요. 삼손이 목말라하자 하나님께서 샘물을 터트려 마시게 하신 적도 있어요.
- **머리 묶기 vs 앞머리 다듬기** : 길게 기른 머리카락은 그가 나실인임을 보여 주는 증거였어요. 헝클어지거나 흘러내리지 않도록 끈으로 묶고 다녔죠. 따라서 머리 묶기는 O예요. 하지만 자르거나 감추어서는 안 되었어요. 당연히 앞머리 다듬기도 하면 안 되죠. X예요.
- **벌집에 있는 꿀 먹기 vs 죽은 사자 몸에 있는 꿀 먹기** : 꿀을 먹지 말라는 규정은 없었어요. 나무에 달린 벌집의 꿀은 먹을 수 있었어요. O예요. 하지만 죽은 사자 몸에 자리 잡은 벌집은 건드려서는 안 되었어요. 죽은 사람의 몸이나 동물의 사체를 만지면 안 된다는 규칙이 있었거든요. 그런데 삼손은 죽은 사자 몸에 있는 벌꿀을 먹어서 죄를 짓기도 했답니다.

나실인이 평범한 유대인들보다 율법 규칙을 더 힘써 지키려고 한 것은 자기 삶이 하나님을 위해 쓰일 것이라는 믿음 때문이었어요. 이런 규칙들을 통해 나실인은 하나님과 더욱 가까워졌죠.

활동 3 하나님이 주신 힘으로

삼손이 다곤 신전의 기둥을 무너뜨린 장면을 재현해 보세요.

삼손의 마지막 순간이 어땠는지 설교 내용을 기억하나요? 큰 힘을 써서 다곤 신전 기둥을 무너뜨렸어요. 대체 그 힘이 어디서 나온 걸까요? 조금 자란 머리카락에서 나온 걸까요? 아니면 우락부락한 근육의 힘이었을까요? 함께 만들기를 하며 생각해 봐요.

활동 방법

① 부록의 삼손 그림을 떼어낸 뒤 뒷면에 빨대의 짧은 쪽을 테이프로 고정한다. 먼저 두 빨대를 직각으로 구부린 후 긴 쪽끼리 가운데에서 만나고, 구멍이 각각 좌우를 향하게 한다.

② 가운데에서 만난 두 빨대의 중간을 테이프로 고정한다.

③ 삼손의 손이 닿는 지점 양쪽에 휴지심(기둥)을 각각 놓는다.

④ ③ 사이에 삼손을 놓은 다음 입으로 빨대를 힘껏 불어서 바람으로 휴지심을 쓰러뜨린다.

⑤ 연령에 따라 기둥 사이의 간격을 조정하거나, 더 무거운 기둥으로 바꾸어가며 활동한다.

삼손의 힘은 처음부터 끝까지 하나님에게서 나왔어요. 마지막 순간에 삼손은 그 사실을 깨달았죠. 하나님은 그런 삼손을 통해 이스라엘을 블레셋의 손에서 구원하시려는 계획을 이루셨답니다.

함께 기도해요

사랑의 하나님, 우리도 하나님과 더 가까워지기를 원해요. 매일매일 하나님이 원하시는 삶을 살기 위해 노력하는 어린이가 될게요. 우리에게 지혜와 용기, 믿음의 힘을 허락해 주세요. 예수님의 이름으로 기도합니다. 아멘.

04

4단원

세례 요한과 낙타털 옷

배울 말씀 마태복음 3장 1~12절

새길 말씀 이 요한은 낙타털 옷을 입고 허리에 가죽 띠를 띠고 음식은 메뚜기와 석청이었더라 (마 3:4)

	활동명	활동 내용	준비물	시간
활동1	단어 맞히기	초성 퀴즈	필기도구	5분
활동2	남들과 구별된 삶	연상 활동	필기도구	10분
	목표 세례 요한처럼 구별된 삶을 살기 위해 할 수 있는 행동을 찾아 실천하게 한다.			
활동3	세례 요한 보드게임	주사위 놀이	부록지, 풀	10분
	목표 보드게임을 하면서 세례 요한의 삶을 상징하는 그림들을 기억하게 한다.			
	사전 준비와 TIP ① 부록의 주사위와 놀이 말을 미리 만들어 둔다.			

활동 1 단어 맞히기

초성 힌트를 보고 원래의 단어를 맞혀서 새길 말씀을 완성해 보세요.

새길 말씀에 있는 중요한 단어들이 초성만 남긴 채 사라져 버렸어요. 원래는 어떤 단어였을까요? 오늘 배운 말씀을 생각하며 함께 풀어 봐요.

활동 방법

① 초성 힌트를 보고 해당하는 단어를 맞힌다.
② 모든 단어를 확인한 뒤, 초성만 보고 새길 말씀을 함께 읽는다. 2~3회 반복해서 내용을 익힌다.

이 요한은 낙타털 옷을 입고
허리에 가죽 띠를 띠고
음식은 메뚜기와 석청이었더라
(마태복음 3장 4절)

세례 요한은 어떤 옷을 입었다고 했죠? (낙타털 옷) 어떤 음식을 먹었다고요? (메뚜기와 석청) 맞아요. 그런 요한의 모습을 머릿속으로 그려 보면 어떤 느낌이 들어요? 함께 이야기해 볼까요?

활동 2 남들과 구별된 삶

세례 요한처럼 구별된 삶을 살기 위해 우리는 어떤 행동들을 할 수 있는지 함께 생각해 봐요.

세례 요한은 광야에서 낙타털로 만든 옷을 입고, 메뚜기와 석청을 먹으며 살았대요. 하나님의 자녀로서 다른 사람들과 구별된 삶을 살려고 한 거예요. 우리는 어떤 행동으로, 구별된 하나님의 자녀답게 살 수 있을까요? 낙타털, 메뚜기와 석청, 광야를 예로 들어 이야기해 봐요.

활동 방법

① 교사의 설명을 듣고 각 그림이 상징하는 것을 적는다.

- **낙타털 옷** : 낙타털 옷은 거룩한 행실을 의미해요. 간질간질 따끔따끔한 옷을 입고 있으면 항상 정신을 똑바로 차리고 조심히 행동할 수 있겠죠? 낙타 얼굴 옆에 '거룩한 행실'이라고 적어 보세요.
- **메뚜기와 석청** : 요한은 보통 사람들이 먹는 빵이나 포도주를 먹지 않고, 들에서 얻을 수 있는 메뚜기와 석청을 먹었어요. 남들처럼 배불리 맛있게 먹지 않고, 최소한의 음식으로 맑고 바른 정신을 유지하려고 했죠. 메뚜기와 석청 칸에는 '건강한 음식'이라고 적어 주세요.
- **광야** : 광야는 절제된 행동을 의미해요. 모든 것이 부족한 광야에서는 꼭 필요한 만큼만 먹고, 꼭 필요한 일만 해야 하니까요. 광야 그림 옆에는 이렇게 적어요. '절제된 행동'

② ①에서 적은 각각의 주제와 관련해서 오늘 내가 할 수 있는 행동, 지켜야 할 행동들을 생각해 보고 교재에 적는다.

③ 각자 적은 내용을 발표한다.

	거룩한 행실	착한 일을 많이 할게요.
	건강한 음식	단것을 적당히 먹을게요.
	절제된 행동	나는 절대로 욕을 하지 않겠어요.

우리는 모두 하나님의 자녀로 부르심을 받았어요. 하나님의 자녀답게 살기 위해 오늘 적은 행동들을 꼭 지키면 좋겠어요. 한 주간 열심히 노력해 봐요.

활동 3 세례 요한 보드게임

낙타를 타고 세례 요한의 길을 따라 걸어 볼까요?

세례 요한의 삶을 대표하는 네 가지 그림의 의미를 기억하면서 보드게임을 해 봐요. 누가 가장 먼저 도착할까요?

활동 방법

① 부록의 보드게임 말을 한 개씩 고르고, 주사위 던질 순서를 정한다.
② 첫 번째 사람이 자기 말을 출발 칸에 놓은 후 주사위를 던져서 윗면에 나온 그림이 있는 곳까지 말을 이동한다.
③ 같은 방법으로 차례대로 말을 움직여 도착 칸에 먼저 도달하는 사람이 승리한다.

이제 낙타, 메뚜기, 석청, 광야, 이 네 가지 그림이 아주 익숙해졌죠? 이번 한 주간 이 그림들을 떠올리면서 아까 우리가 약속한 것들을 성실하게 지켜 행하기로 해요.

함께 기도해요

하나님, 오늘은 구별된 삶을 살려고 노력한 세례 요한의 이야기를 배웠어요. 우리도 하나님의 자녀로 살아가기 위해 작은 일부터 하나씩 노력하는 어린이가 될게요. 우리의 마음을 기쁘게 받아 주세요. 예수님의 이름으로 기도합니다. 아멘.

5 단원

나의 동물 짝꿍

주제 하나님은 동물을 통해서도 당신의 뜻을 펼치신다.

5단원은 구약의 위대한 선지자들과 짝이 되는 동물들의 이야기입니다. 선지자들이 맡겨진 사역을 시작하거나 신앙을 드러낼 때 동물들이 어떤 역할을 했는지 살펴보면서, 하나님께서 당신의 정의와 사랑을 베풀기 위해 동물들을 어떻게 사용하셨는지를 배웁니다.

1과의 동물은 비둘기입니다. 성경에서 비둘기는 평화의 상징이나 메시지를 전달하는 역할로 등장합니다. 노아는 홍수 후 방주 바깥의 상황을 알아보려고 비둘기를 내보냈습니다. 처음 날려 보냈을 때는 앉을 곳을 찾지 못했던 비둘기가 두 번째에는 감람나무 새순을 물고 돌아왔습니다. 그리고 7일 후 다시 내보냈을 때는 돌아오지 않았습니다. 이것으로 노아는 대홍수가 마침내 끝났음을 알게 되었습니다. 비둘기는 대홍수의 마침을 알리는 징표로 사용되었습니다.

2과의 동물은 까마귀입니다. 엘리야는 기원전 9세기경 북이스라엘에서 활동한 선지자입니다. 그의 예언대로 3년 6개월 동안 나라에 극심한 가뭄이 있었는데, 그때 하나님께서 엘리야를 그릿 골짜기에 숨기시고, 까마귀를 보내 아침저녁으로 떡과 고기를 공급해 주셨습니다. 하나님은 까마귀를 엘리야의 생명을 살리는 도구로 사용하셨습니다.

3과에 나오는 요나는 기원전 8세기 여로보암 2세 때 북이스라엘에서 활동한 예언자입니다. 하나님께서 앗시리아의 수도 니느웨로 요나를 보내 말씀을 전하게 하셨는데, 그는 이를 거역하고 욥바 항구에서 다시스로 가는 배를 타고 달아났습니다. 배는 큰 풍랑을 만났고 요나는 바다에 던져졌지만, 다행히 큰 물고기에게 먹히는 바람에 목숨을 건졌습니다. 큰 물고기는 3일 후 요나를 해변에 뱉어냈습니다. 물고기는 요나를 살릴 뿐만 아니라, 당신의 명령을 거역한 그를 회개와 순종으로 이끌어 주시는 하나님의 도구였습니다.

4과에 등장하는 다니엘은 바벨론으로 끌려간 유대의 포로였음에도 다리오 왕의 신임을 얻어 나라의 총리가 되었습니다. 이러한 다니엘을 시기 질투한 다른 두 총리와 지방 관리들은 그를 없앨 비열한 음모를 꾸몄습니다. 그러나 다니엘은 굴복하지 않고 신앙을 지켜 늘 해오던 대로 하루에 세 번씩 하나님께 기도했습니다. 이 일로 결국 다니엘은 사자 굴에 던져졌습니다. 하지만 하나님은 그를 털끝도 상하지 않게 지켜 주셨습니다.

열왕기상 17장 4절

♩=65

작곡:이화익
편곡:이화익

01

5단원

소망을 물어 올 때까지

배울 말씀 창세기 8장 1~19절

새길 말씀 저녁때에 비둘기가 그에게로 돌아왔는데 그 입에 감람나무 새 잎사귀가 있는지라 이에 노아가 땅에 물이 줄어든 줄을 알았으며 (창 8:11)

<table>
<tr><th></th><th>활동명</th><th>활동 내용</th><th>준비물</th><th>시간</th></tr>
<tr><td>활동1</td><td>순서대로 맞춰요</td><td>순서 맞추기</td><td>필기도구</td><td>5분</td></tr>
<tr><td rowspan="3">활동2</td><td>비둘기 단어 퍼즐</td><td>문제 풀기 & 단어 찾기</td><td>필기도구</td><td rowspan="3">10분</td></tr>
<tr><td colspan="3">목표
노아의 방주가 새로운 땅에 도착할 때까지 있었던 일들을 살펴보고, 하나님의 보호하심을 알게 한다.</td></tr>
<tr><td colspan="3">사전 준비와 TIP
① 저학년의 경우, 교사가 도움을 주며 함께 문제를 풀 수 있다.
② 정답 찾기를 어려워하면 옆 사람과 의논하면서 찾게 한다.</td></tr>
<tr><td rowspan="2">활동3</td><td>방주 여행을 떠나요</td><td>방주 만들기</td><td>부록지, 할핀</td><td rowspan="2">10분</td></tr>
<tr><td colspan="3">목표
방주 여행을 통해 지키고 인도하시는 하나님의 손길을 이해하게 한다.</td></tr>
</table>

활동 1 순서대로 맞춰요

뒤죽박죽 글자들을 올바른 순서로 맞춰서 적어 보세요.

비둘기가 돌아올 때까지 방주 안에서 기다리고 있었던 사람들의 마음은 어땠을까요? 아마 초조하고 불안했을 거예요. 그러다가 비둘기가 싱싱한 잎사귀를 물고 돌아왔을 때는 어땠을까요? 환호성을 지르며 기뻐하지 않았을까요? 그날 방주에서 비둘기를 맞이한 노아와 가족들의 마음으로 새길 말씀을 순서대로 맞춰 보세요.

활동 방법

① 뒤죽박죽 뒤엉킨 글자들을 올바른 순서로 맞춰서 교재에 적는다.
   예 때저에녁 ⇨ 저녁때에

② 모든 글자를 순서대로 적은 다음 교사에게 확인받는다. 모든 어린이가 완성할 때까지 다른 사람에게 보여 주지 않게 주의시킨다. 필요한 경우, 단어의 첫 글자 또는 끝 글자를 힌트로 준다.

③ 모든 어린이가 말씀을 완성하면, 다 함께 큰 소리로 읽는다.

여러분이 끝까지 포기하지 않고 잘 정리한 덕분에 새길 말씀을 순서대로 올바로 완성했어요. 노아와 가족들도 오랫동안 방주 안에서 기다리는 것이 힘들고 답답했지만, 포기하지 않고 비둘기를 기다렸어요. 하나님께서는 그런 노아 가족에게 비둘기를 통해 기쁘고 좋은 소식을 전해 주셨답니다.

활동 2 비둘기 단어 퍼즐

문제를 모두 푼 다음 비둘기 단어 퍼즐에서 답을 찾아보세요.

노아에게 비둘기는 세상에서 가장 기쁜 소식을 전해 준 소중한 존재였어요. 그러니 방주에 탄 그 어떤 동물보다도 비둘기가 더 예뻐 보이지 않았을까요? 이제 교재에 있는 그림을 보세요. 노아가 그토록 기다리던 비둘기 몸에 수많은 글자가 적혀 있네요. 문제를 모두 푼 다음 그 답을 비둘기 퍼즐에서 찾아보세요.

활동 방법

① 7가지 문제를 모두 풀어 정답을 적는다.

- 하나님의 명령을 따라 커다란 배를 만든 사람의 이름은? (두 글자) 답 노아
- 밤낮으로 며칠 동안 비가 왔나요? 답 ⓛ 40일
- 세상에 가득 찬 물 위를 떠다니다가 처음으로 부딪힌 산의 이름은? 답 아라랏산
- 물이 줄어들었는지 알아보기 위해 가장 먼저 날려 보낸 새는? (세 글자) 답 까마귀
- 두 번째로 날려 보낸 새의 이름은? (세 글자) 답 비둘기
- 비둘기가 입에 물고 온 것은 어떤 나무의 잎사귀였나요? 답 감람나무
- 힘들고 어려운 순간에도 우리에게 기쁨과 소망을 주시는 분은 누구인가요? (세 글자) 답 하나님

② 정답을 비둘기 퍼즐에서 찾아 동그라미 친다. 가로, 세로, 대각선, 역방향 모두 가능하다.

③ 함께 정답을 확인한 뒤 추가 문제에 도전한다.

- 추가 문제 : 비둘기 퍼즐에서 노아의 방주에 탄 동물 5종류를 찾아보세요.

답 사자, 코끼리, 너구리, 악어, 코뿔소

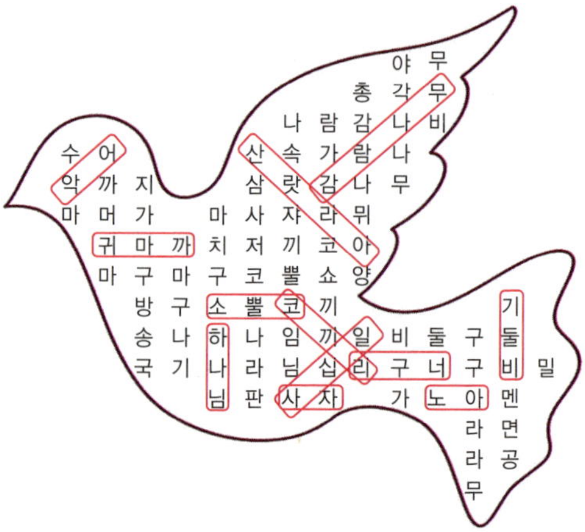

방주 안에는 정말 다양한 동물들이 있었어요. 얌전하고 순한 초식동물들도 있었지만, 무섭고 사나운 맹수나 육식동물들도 있었죠. 그런데 놀랍게도 하나님께서 서로 잡아먹지 않도록 하셔서, 모두 평화롭게 무사히 새로운 땅으로 갈 수 있었답니다.

활동 3 방주 여행을 떠나요

방주에 탄 노아와 가족들의 이야기를 돌림판 그림으로 만들어 봐요.

노아와 가족들, 그리고 방주에 탄 동물들은 아주 오랜 시간을 방주에서 기다려야 했어요. 비가 내리고, 배가 떠다니고, 물이 천천히 빠지다가 드디어 육지에 도착할 때까지 정말 기나긴 여행이었죠. 우리도 방주 여행을 함께 떠나 볼까요?

활동 방법

① 부록지에 있는 두 그림을 모두 뜯어낸다.
② 방주 그림을 배경판 앞에 오도록 겹친 다음 가운데 구멍에 할핀을 꽂아 고정한다. 방주 그림이 회전하는 데 문제가 없는지 확인한다.
③ 배경판을 반시계 방향으로 돌리면서 세 장면에서 각각 어떤 일이 있었는지 이야기한다. 이해를 돕기 위해 교사가 먼저 시범을 보여 준다.

(비 오는 그림이 보이게 한 뒤) 기나긴 방주 여행은 비가 엄청나게 쏟아지면서 시작되었어요. 40일 동안이나 계속 내려서 온 세상이 물에 잠겼어요. 마침내 비가 그치고도 물이 다 빠질 때까지 오랫동안 방주 안에서 기다려야만 했어요. 까마귀를 날려 보냈지만, 육지를 발견하지 못했어요. (비둘기 그림에 맞춘 뒤) 결국 비둘기가 날아가 감람나무 잎사귀를 물어 오고 나서야 이 긴 여행이 마무리되었어요. 모두 기쁜 마음으로 방주에서 나왔어요. (무지개 그림에 맞춘 뒤) 그곳에는 아름다운 무지개가 떠 있었어요. 그것을 보고 모두 하나님을 찬양했어요. 노아처럼 하나님을 믿고 끝까지 기다리는 사람에게 하나님은 소망을 주시고, 가장 좋은 것들로 그의 삶을 채워 주신답니다.

함께 기도해요

우리를 사랑하시고 지키시는 하나님, 감사해요. 죄악이 가득한 세상에서도 오직 하나님을 기쁘게 해 드린 노아처럼, 우리도 하나님만을 기쁘게 해 드릴래요. 악한 마음을 품지 않게 도와주세요. 힘들고 어려운 순간에도 하나님의 도움을 기다리는 어린이가 되게 해 주세요. 예수님의 이름으로 기도합니다. 아멘.

02

5단원

도움이 필요해

배울 말씀 열왕기상 17장 1~7절

새길 말씀 그 시냇물을 마시라 내가 까마귀들에게 명령하여 거기서 너를 먹이게 하리라 (왕상 17:4)

<table>
<tr><th></th><th>활동명</th><th>활동 내용</th><th>준비물</th><th>시간</th></tr>
<tr><td>활동1</td><td>빛나는 말씀</td><td>글자 맞히기</td><td>필기도구</td><td>5분</td></tr>
<tr><td rowspan="2">활동2</td><td>삼각형을 찾아라</td><td>도형 찾기</td><td>필기도구</td><td rowspan="2">10분</td></tr>
<tr><td colspan="3">목표
숨겨진 삼각형을 찾으면서, 우리 삶 곳곳에 숨어 있는 하나님의 도우심과 사랑을 이해하게 한다.</td></tr>
<tr><td rowspan="3">활동3</td><td>까마귀, 네가 필요해!</td><td>만들기 & 놀이 활동</td><td>부록지, 색테이프, 풀, 단어 종이(16개), 큰 컵 4개</td><td rowspan="3">5분</td></tr>
<tr><td colspan="3">목표
직접 까마귀가 되어서 엘리야를 도우신 하나님의 섬세한 손길을 느끼게 한다.</td></tr>
<tr><td colspan="3">사전 준비와 TIP
① 컵 4개에 각각 예배하는 사람, 슬픈 사람, 노력하는 사람, 배고픈 사람이라고 써서 붙인다.
② 작은 종이에 네 가지 상황에 필요한 단어를 하나씩 쓴 다음 반으로 접는다. (예 : 사랑, 찬양, 기도, 말씀, 끈기, 응원, 위로, 용기, 햄버거, 피자, 브로콜리)
③ 색테이프로 출발선을 표시하고, 반대편에 단어 종이를 글자가 보이도록 펼쳐 놓는다. 출발선과 단어 종이 사이에 4개의 컵을 배치한다.</td></tr>
</table>

활동 1 빛나는 말씀

광야로 도망친 엘리야에게 하나님이 하신 말씀은 무엇일까요? 교재를 기울여 확인해 보세요.

오늘의 주인공은 엘리야예요. 엘리야가 지친 모습으로 광야 한가운데 앉아 있네요. 무슨 일이 있는 걸까요? 그를 해치려 하는 아합 왕을 피해서 광야로 도망쳐 왔대요. 도와줄 사람 하나 없는 이곳에서 낙심하고 있는 엘리야에게 하나님께서 어떤 말씀을 하시네요. 과연 무슨 말씀일까요?

활동 방법

① '시작'이라고 쓴 부분부터 화살표 방향으로 글자들을 확인해 같은 색깔의 동그라미 안에 적는다. 한쪽 눈을 감은 채 교재를 아래로 45도 기울여서 보면 쉽게 확인할 수 있다.

② 완성한 말씀을 다 함께 큰 소리로 읽는다.

그 시 냇 물 을 마 시 라 내 가

까 마 귀 들 에 게 명 령 하 여

거 기 서 너 를 먹 이 게 하 리 라

하나님이 낙심하고 지친 엘리야에게 무슨 말씀을 해 주셨는지 확인했나요? 아합 왕을 피해서 아무도 없는 광야에 혼자 숨어 있는 엘리야의 마음은 어땠을까요? 무척 외롭고 서글펐을 거예요. 하지만 그런 상황에서도 하나님은 변함없이 엘리야를 살피시고 돌봐 주셨어요.

활동 2 삼각형을 찾아라

각각의 그림에서 삼각형을 모두 찾아보세요.

아무도 없는 광야에서도 하나님은 늘 엘리야 곁에 계셨어요. 그리고 엘리야가 목마르고 배고플 때, 생각지도 못한 방법으로 그를 도와주셨어요. 하나님은 어떤 방법을 쓰셨을까요? 문제를 풀면서 알아봐요.

활동 방법

① 번호대로 6개의 이야기를 읽는다.

② 각 그림에 삼각형이 모두 몇 개 있는지 세어서 적는다. 1조각으로 된 삼각형뿐만 아니라, 2조각 이상으로 이루어진 삼각형도 모두 찾는다. 저학년은 개수를 정확히 맞추려 하기보다 최대한 많이 찾게 한다.

답 1번 : 총 5개 (1조각–2개/ 2조각–2개/ 3조각–1개)

2번 : 총 8개 (1조각–6개/ 3조각–2개)

3번 : 총 7개 (1조각–3개/ 2조각–3개/ 3조각–1개)

4번 : 총 16개 (1조각–4개/ 2조각–8개/ 4조각–4개)

5번 : 총 12개 (1조각–3개/ 2조각–5개/ 3조각–1개/ 4조각–2개/ 6조각–1개)

6번 : 총 24개 (1조각–5개/ 2조각–7개/ 3조각–6개/ 4조각–2개/ 6조각–3개/ 9조각–1개)

다들 삼각형을 많이 찾았나요? 처음에 언뜻 볼 때는 몇 개 없을 것 같았는데, 막상 세어 보니 엄청 많이 숨어 있었죠? 하나님의 사랑도 마찬가지예요. 때로는 우리 눈에 잘 보이지 않지만, 순간순간 우리를 도와주시는 하나님의 크고 깊은 사랑이 곳곳에 숨어 있답니다.

활동 3 까마귀, 네가 필요해!

직접 까마귀가 되어서 사람들에게 필요한 것을 채워 주세요.

하나님께서 까마귀를 보내 주시지 않았다면 엘리야는 어떻게 되었을까요? 아마 광야에서 외롭게 지내며 쫄쫄 굶었을 거예요. 엘리야에게는 자신을 돕는 까마귀가 꼭 필요했어요. 까마귀가 어떻게 엘리야를 도와줬는지 직접 활동을 하며 알아볼까요?

활동 방법

① 부록의 까마귀 얼굴 그림을 떼어내서 원뿔 모양의 부리를 만든다.
② ①을 엄지와 검지에 끼우고 먹이를 잡듯이 움직여 본다.
③ 순서를 정해 두 명씩 출발선에 선다.
④ 교사가 "출발!"이라고 외치면 뛰어가서 까마귀 부리로 단어 종이를 한 개씩 잡는다. 단어를 확인한 후 그것이 필요한 사람의 컵을 찾아 넣고 돌아온다. 이동할 때는 '까악까악' 까마귀 소리를 낸다.
⑤ 릴레이 형식으로, 정해진 시간 동안 또는 모든 종이를 컵에 넣을 때까지 반복한다.
⑥ 모두 마친 후 종이를 꺼내서 각 단어를 적합한 곳에 넣었는지, 왜 그 단어를 그 컵에 넣었는지 함께 이야기한다.

까마귀를 보내 엘리야를 도와주셨듯이, 하나님은 가끔 우리가 생각지도 못한 방법으로 우리를 도와주세요. 하나님의 창조물 중에 이 세상에 필요 없는 것은 하나도 없답니다. 모두가 소중한 존재랍니다.

함께 기도해요

하나님, 광야에 숨어 있는 엘리야를 혼자 두지 않고 까마귀를 보내 도와주신 이야기를 배웠어요. 오늘도 우리 곁에서 도와주시는 하나님의 손길을 발견하게 해 주세요. 그리고 발견할 때마다 감사하며 찬양하게 해 주세요. 예수님의 이름으로 기도합니다. 아멘.

03

바다 깊숙한 곳에서

5단원

배울 말씀 요나 1장 1~17절

새길 말씀 여호와께서 이미 큰 물고기를 예비하사 요나를 삼키게 하셨으므로 요나가 밤낮 삼 일을 물고기 뱃속에 있으니라 (욘 1:17)

	활동명	활동 내용	준비물	시간
활동1	바닷속 말씀	퍼즐 맞추기	부록지, 풀	5분
활동2	무엇이 달라졌을까?	다른 그림 찾기	필기도구	10분
	목표 두 그림의 서로 다른 부분을 찾으면서 요나의 잘못된 행동을 바로잡으신 하나님을 알게 한다.			
활동3	요나를 삼켜라!	만들기 & 놀이 활동	부록지, 풀, 실, 바둑알, 테이프, 종이컵 (6.5온스 일반 크기, 인원수만큼), 접시	10분
	목표 잘못을 뉘우치고 회개하는 기도가 최선의 결과를 가져온다는 사실을 알게 한다.			
	사전 준비와 TIP ① 50~70cm 길이의 실을 인원수만큼 준비한다. 양 끝에 매듭을 지으면 테이프로 붙일 때 잘 빠지지 않는다. ② 접시에 '니느웨'라고 적은 뒤 책상 높이로 올려둔다.			

활동 1 바닷속 말씀

물고기 퍼즐을 맞추며 말씀을 기억해요.

바닷가에 놀러 가 본 적이 있나요? 무척 재미있었죠? 하지만 아주 깊은 바닷속에는 특별한 장비가 없으면 들어갈 수 없어요. 그런데 요나는 아무런 장비도 없이 깊은 바닷속에 들어가게 되었어요. 어떻게 들어갔을까요? 퍼즐을 맞추며 알아봐요.

활동 방법

① 부록의 퍼즐 조각을 떼어내 교재의 고래 그림에 알맞게 붙인다.
② 빈칸에 알맞은 단어를 넣어 새길 말씀을 완성한다.
③ 완성한 새길 말씀을 다 함께 큰 소리로 읽는다.

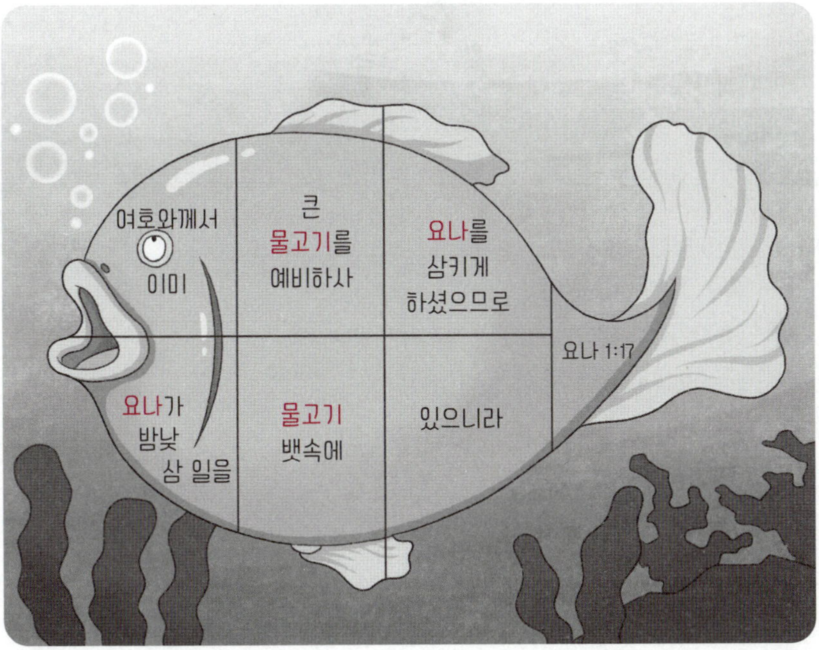

깊은 물속에선 3분만 숨을 못 쉬어도 버티기 힘들 텐데, 요나는 무려 3일 동안이나 물속에서 지냈어요. 이것이 어떻게 가능했을까요? 하나님께서 큰 물고기를 준비해 요나를 삼키게 하셨기 때문이에요. 하나님께서 정말 놀라운 방법으로 요나를 지켜 주셨네요.

활동 2 무엇이 달라졌을까?

요나 이야기 그림에서 서로 다른 곳을 모두 찾아보세요.

하나님은 요나를 위해 특별한 것들을 준비해 놓으셨건만, 요나는 하나님의 마음을 헤아리지 못하고, 하나님 뜻과는 전혀 다른 방향으로 가려고 하네요. 자기 뜻대로만 하려는 요나에게 과연 어떤 일이 일어났는지 다른 그림 찾기를 하면서 알아봐요.

활동 방법

① 두 그림을 비교해 보며 서로 다른 부분 7곳을 찾아 동그라미 친다.

② 모두 찾은 후 각 장면의 특징을 잘 드러내는 기발하고 재미있는 해시태그를 단다. 해시태그가 어려우면, 각 장면에 어울리는 요나의 별명을 짓는다.

예 1번 : #파도타기#어디어디숨었니? / 숨바꼭질 대장

2번 : #죽부인구함#업어가도모름 / 잠꾸러기 요나

3번 : #다이빙#생존수영 / 잠수 달인 요나

4번 : #골방기도#암흑속의외침 / 기도의 용사 요나

요나는 하나님 말씀에 순종하지 않고, 자기 마음대로 방향을 바꾸어 떠났어요. 그러다가 하나님 손에 붙잡혀서 물고기 배 속에서 꼼짝달싹 못 하게 되어버렸죠. 아무것도 자기 뜻대로 할 수 없는 상황에서 요나가 유일하게 할 수 있었던 일은 무엇일까요? 다음 활동에서 알아봐요.

활동 3 요나를 삼켜라!

요나를 삼킨 물고기가 되어 놀이해 봐요.

큰 물고기의 깜깜한 배 속에 3일 동안 갇혀 있게 된다면, 여러분은 무엇을 할 건가요? 아무것도 할 수 없었던 요나는 결국 하나님께 기도했어요. 뉘우치며 기도하는 요나에게 어떤 일이 일어났는지 알아봐요.

활동 방법

① 부록의 물고기 그림을 뜯어 종이컵에 감싸 풀(또는 테이프)로 붙인다.

② 실의 한쪽 끝을 종이컵 안쪽에 테이프로 붙이고, 다른 쪽은 바둑알(또는 적당히 작고 무게가 있는 물건)에 테이프로 고정한 다음 요나 그림으로 감싸 붙인다.

③ 종이컵 물고기를 잡고 실을 길게 늘어뜨린 상태에서 바둑알의 무게와 원심력을 이용해 요나를 공중으로 띄워 종이컵 물고기 안에 넣는다. "도전!"을 외치고 연속으로 3회 넣으면 성공이다.

④ 난이도와 조건을 바꿔 활동을 반복한다.

- 2단계 : 컵 안에 넣을 때 요나의 기도하는 모습이 보이도록 연속 2회 넣으면 성공
- 3단계 : 컵에 담긴 요나를 던져 '니느웨' 접시에 올리면 성공

요나가 잘못을 뉘우치고 기도하자 깜깜한 물고기 배 속이 자신을 지켜 주는 가장 안전한 장소로 바뀌었네요. 우리를 절대로 포기하지 않으시는 하나님은 우리가 큰 잘못을 했더라도 뉘우치고 기도하면, 언제나 용서해 주시고 늘 우리 편이 되어 주신답니다.

함께 기도해요

하나님, 우리도 요나처럼 하나님의 뜻보다 내 뜻과 욕심대로 생각하고 행동할 때가 많아요. 그때마다 우리를 포기하지 않고 끝까지 붙잡아 주시는 하나님의 마음을 기억하게 해 주세요. 잘못된 생각과 행동을 깨달을 때마다 늘 회개의 기도를 하게 해 주세요. 그래서 언제나 내 편이 되어 주시는 하나님께로 돌아가게 해 주세요. 예수님의 이름으로 기도합니다. 아멘.

04

5단원

사자보다 강한 것은?

배울 말씀 다니엘 6장 10~23절

새길 말씀 이에 왕이 명령하매 다니엘을 끌어다가 사자 굴에 던져 넣는지라 왕이 다니엘에게 이르되 네가 항상 섬기는 너의 하나님이 너를 구원하시리라 하니라 (단 6:16)

	활동명	활동 내용	준비물	시간
활동1	암호 속의 외침	암호 풀기	필기도구	5분
활동2	사자의 입을 막아라	만들기	부록지, 풀, 필기도구	10분
	목표 움직이는 사자의 입을 막는 기도문을 작성하면서 기도의 능력을 알게 한다.			
활동3	다니엘을 지켜라	주사위 놀이	풍선 2~3개	10분
	목표 다니엘 풍선을 지키는 단체 활동을 통해 협동심을 기르고, 우리를 돕는 손길을 경험하게 한다.			
	사전 준비와 TIP ① 전체 인원이 원형으로 바닥 또는 의자에 둘러앉는다. 양팔간격 정도의 거리를 둔다. ② 풍선에 바람을 넣은 뒤 겉면에 '다니엘'이라고 크게 쓴다.			

활동 1 암호 속의 외침

암호를 풀어 숨겨진 글자를 찾아봐요.

동물원에서 사자를 본 적이 있나요? 무시무시한 사자를 바로 눈앞에서 본다고 해도 무서워 덜덜 떠는 사람은 아마 없을 거예요. 안전한 울타리가 있으니까요. 하지만 어쩌다가 울타리 안으로 들어갔다면 어떨까요? 생각만 해도 너무 무섭고 끔찍하죠? 그 상황에 처한 다니엘을 상상하며 암호문을 풀어 봐요.

활동 방법

① 〈암호 풀이표〉를 이용해 빈칸에 알맞은 글자를 넣는다.

② 완성한 새길 말씀을 다 함께 큰 소리로 읽는다.

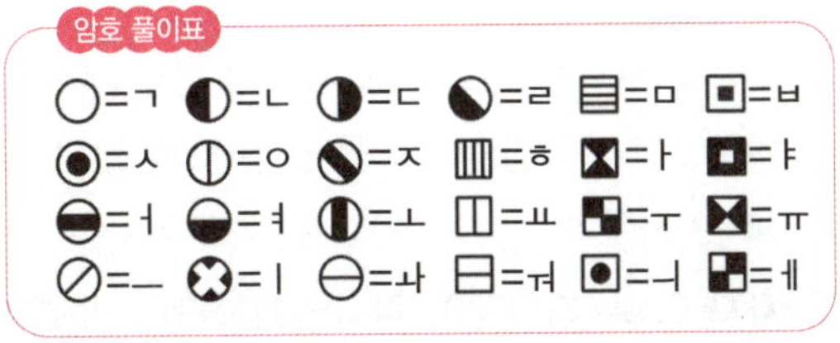

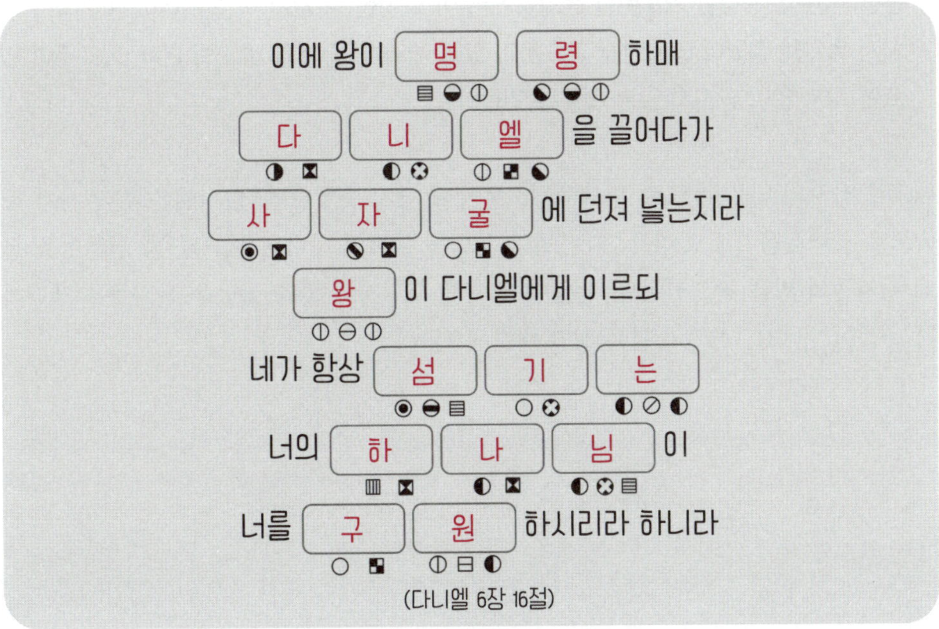

어쩔 수 없이 다니엘을 사자 굴에 던져 넣은 왕도 마음이 안타까웠던 것 같네요. 하나님께서 구원해 주시지 않으면 분명히 사자의 먹이가 될 것을 알았기 때문이에요. 왕의 소원대로 하나님이 다니엘을 구원해 주셨을까요? 구원하셨다면 어떻게 하셨을까요?

활동 2 사자의 입을 막아라

움직이는 사자를 만들고, 사자의 입을 막는 위대한 기도문을 써 봐요.

오랫동안 먹지 못해 굶주린 사자들은 먹이가 들어오기만을 기다리고 있었어요. 다니엘이 사자 굴 속에 떨어졌을 때, 아마 그 안에 있던 사자들은 모두 입을 벌리고 달려들었을 거예요. 지금 당장 필요한 것은 무엇일까요? 바로 사자의 입을 막는 거예요. 천사가 했던 것처럼 우리도 사자의 입을 함께 막아 볼까요?

활동 방법

① 부록의 사자 얼굴 그림을 떼어내 선을 따라 접은 후 교재에 붙인다.
② 윗입술과 아랫입술 그림을 선을 따라 접어 사자 입에 붙인다. 사자 얼굴과 입술이 동시에 잘 접힐 수 있도록 입술 좌우의 위치를 확인하면서 한 쪽씩 차례로 붙인다.
③ 사자 굴 속 다니엘이 하나님께 어떤 기도를 했을지 상상하여 '나의 기도'에 짧은 기도문을 적는다. 완성한 기도문을 동그랗게 말아 고정한 뒤 사자 이빨 사이에 물린다.
④ 사자 얼굴을 접었다 펼치면서 기도문이 있을 때와 없을 때를 비교해 본다. 기도문이 있으면 사자 입이 닫히지 않는 것을 확인한다.

배고픈 사자의 입을 기도로 잘 막았나요? 제때 막지 못했다면, 다니엘은 벌써 사자 배 속으로 들어갔을지도 몰라요. 다니엘의 기도를 들으신 하나님은 그날 밤 천사들을 통해 사자들의 입을 막으셨어요. 눈앞에 먹이를 두고서도 쫄쫄 굶었을 사자들을 생각하니 웃음이 나네요. 기도의 힘은 정말 대단해요!

활동 3 다니엘을 지켜라

천사가 되어 다니엘 풍선을 지켜 주세요.

그날 밤 천사들은 사자들의 입을 모두 막아 다니엘을 지키려고 이리저리 분주하게 뛰어다녔을 거예요. 이 시간에는 우리가 천사가 되어 다니엘을 안전하게 지킬 거예요. 모두 최선을 다해 주세요.

활동 방법

① 술래(사자 역할) 한 명이 원형으로 둘러앉은 어린이들 가운데(사자 굴)에 선다. 사자 굴에서 사자는 한 발 뛰기로 다니면서 '다니엘 풍선'을 손으로 쳐서 바닥에 떨어뜨린다.
② 나머지 어린이들은 천사 역할을 한다. 다니엘 풍선이 땅에 떨어지지 않도록 손으로 쳐서 사자에게서 지킨다. 이때 풍선을 두 손으로 잡거나 바닥에서 엉덩이를 뗄 수 없다.
③ 제한 시간(약 1~2분)을 정한 뒤, 한 천사에게 풍선을 주고 활동을 시작한다. 풍선이 바닥에 떨어지면 사자가 승리하고, 제한 시간 동안 떨어뜨리지 못하면 천사가 승리한다.
④ 술래를 바꾸거나 인원을 늘려 활동을 반복한다. 한 발 뛰기 대신 바닥에 발을 붙인 채(미끄러지듯) 움직이기 등으로 난이도를 조절할 수 있다. 풍선을 추가해도 좋다.

다니엘 풍선을 지키기 위해 열심히 움직이는 여러분 모습을 보니, 사자 굴 속에 있던 천사들이 어땠을지 상상이 되네요. 이처럼 하나님께서는 사랑하는 사람을 지키기 위해 보이지 않는 많은 손길을 통해 늘 도와주신답니다. 물론 여러분도 똑같이 도와주실 거예요.

함께 기도해요

우리의 기도를 듣고 응답하시는 하나님, 감사합니다. 어떤 어려운 상황에서도 하나님을 신뢰하며 기도한 다니엘처럼, 우리도 실망하거나 포기하지 않고 늘 기도하게 해 주세요. 다니엘을 도우신 하나님이 바로 나의 하나님이심을 당당히 외치는 기도의 용사가 되게 해 주세요. 예수님의 이름으로 기도합니다. 아멘.

6 단원

너의 이름은

주제 **새 이름을 주시다.**

6단원에서는 하나님께 새로운 이름을 받은 이들의 이야기를 들어 봅니다. 그들은 하나님을 신실하게 섬기는 사람들이었기에 자신의 활동과 역할에 적합한 새 이름을 받았습니다.

1과에 등장하는 아브라함의 본래 이름은 아브람입니다. 평생토록 하나님의 뜻을 따라 산 아브람은 99세에 하나님께 새 이름을 받았습니다. '존귀한 아버지'라는 뜻의 아브람에서, '열국(列國)의 아버지' 또는 '수많은 민족의 아버지'라는 뜻의 아브라함으로 이름이 바뀐 것입니다. 아브라함의 아내 사래 역시 '여주인'이라는 뜻의 사라라는 새 이름을 받았습니다(창 17:15).

2과의 주인공 야곱의 이름은 '발뒤꿈치를 잡다'라는 뜻입니다. 그는 형과 아버지를 속여 장자의 축복을 가로챈 후 외삼촌 라반이 있는 하란으로 도망갔습니다. 어느 날 고향으로 돌아가라는 하나님의 명령을 듣고 길을 가던 중 어떤 사람과 씨름을 하게 되었습니다. 그 사람은 야곱에게 '이스라엘'이라는 새 이름을 주었습니다. 이스라엘은 '하나님과 겨루어 이겼다'라는 뜻으로, 이는 그날 밤새도록 야곱과 씨름한 이가 하나님이심을 알려 줍니다. 하나님께서 홀로 밤을 보내던 야곱을 친히 찾아와 이스라엘이라는 새 이름을 주신 것은 아무것도 두려워하지 말고 하나님만 믿고 나아가라는 뜻이었습니다.

3과의 베드로는 예수님의 열두 제자 중 하나로, 본래 이름은 시몬입니다. 베드로라는 이름의 뜻은 '바위', '반석'입니다. 마태복음에 따르면 시몬은 예수님께서 "너희는 나를 누구라고 하느냐?"라고 물으셨을 때 "주님은 살아 계신 하나님의 아들이시며 그리스도, 곧 메시아이십니다."라고 대답했고, 이 일로 예수님께서 그에게 베드로라는 새 이름을 주셨습니다.

4과에서는 예수님의 다른 이름들을 알아봅니다. '예수'라는 이름의 본래 의미는 히브리어로 '하나님(야훼)이 구원하신다'입니다. 예수님의 또 다른 이름인 그리스도는 '기름 부음 받은 자'라는 뜻으로, 히브리어 '마쉬아흐(메시아)'를 헬라어로 음역한 것입니다. 그리스도라는 이름은 예수님이 구약에서 예언된 메시아임을 나타내는 칭호이자, 예수님의 신성(神性)을 강조하는 명칭입니다.

고린도후서 5장 17절

♩= 126

작곡:이화익
편곡:이화익

01 달라진 나의 새로운 이름

6단원

배울 말씀 창세기 12장 1~4절, 17장 1~9절

새길 말씀 이제 후로는 네 이름을 아브람이라 하지 아니하고 아브라함이라 하리니 이는 내가 너를 여러 민족의 아버지가 되게 함이니라 (창 17:5)

<table>
<tr><th></th><th>활동명</th><th>활동 내용</th><th>준비물</th><th>시간</th></tr>
<tr><td>활동1</td><td>아브라함의 시간을 따라</td><td>시계 암호 풀기</td><td>필기도구</td><td>5분</td></tr>
<tr><td rowspan="3">활동2</td><td>단어를 찾아라</td><td>핵심 단어 찾기</td><td>활동지(저학년용, 설교 PPT), 필기도구</td><td rowspan="3">10분</td></tr>
<tr><td colspan="3">목표
성경 본문의 핵심 키워드(단어)를 파악하고, 전체 내용을 이해하게 한다.</td></tr>
<tr><td colspan="3">사전 준비와 TIP
① 설교 PPT에 포함되어 있는 저학년용 활동지를 인원수대로 출력해 놓는다.</td></tr>
<tr><td rowspan="3">활동3</td><td>풍선 플래너</td><td>신체 활동</td><td>풍선(2인당 1개)</td><td rowspan="3">10분</td></tr>
<tr><td colspan="3">목표
놀이를 통해 하나님의 인도하심에 따르는 법을 연습하게 한다.</td></tr>
<tr><td colspan="3">사전 준비와 TIP
① 어려운 낱말들의 뜻을 설명해 성경 본문의 내용을 충분히 이해하게 돕는다.
예 창대 : 일이 잘되다 / 축복 : 복을 빌어 주다</td></tr>
</table>

활동 1 아브라함의 시간을 따라

시곗바늘이 가리키는 글자를 찾아 말씀을 완성해요.

아브람이 아브라함이 되기까지 많은 시간이 흘러야 했어요. 하나님의 말씀을 따라 여행하는 동안 놀라운 일도 많이 겪었죠. 아브라함에겐 오랜 기다림이 필요했어요. 이번 활동을 통해 아브라함의 그 시간 속으로 떠나 봅시다.

활동 방법

① 시곗바늘을 보고 힌트표에서 각 칸에 해당하는 글자를 찾아 적는다. 짧은 바늘이 가리키는 글자는 빨간색 칸에, 긴 바늘이 가리키는 글자는 파란색 칸에 적는다.
② 완성한 새길 말씀을 다 함께 소리 내어 읽는다.

이제 후로는 네 [이름][을] 아브람이라 하지 아니하고
[아브라함][이라] 하리니 이는 내가 [너][를]
여러 민족의 [아버지][가] 되게 함이니라
(창세기 17장 5절)

아브람이 아브라함이 되기 위해서는 아주 뜻깊은 시간이 똑딱똑딱 흘러야 했어요. 그 시간을 모두 겪어낸 후에 비로소 믿음의 조상 아브라함이 된 거랍니다. 오늘 배운 새길 말씀을 잘 기억하세요.

활동 2 단어를 찾아라

〈끝말잇기표〉를 이용해 문제들을 풀면서 말씀을 기억해요.

여기 모든 단어가 이어지는 〈끝말잇기표〉가 있어요. 이 표를 이용해 3가지 문제를 풀면서 아브라함의 이야기를 기억해 봐요. 우선 어떤 단어들이 있는지 함께 살펴볼까요?

활동 방법

① 〈끝말잇기표〉에서 숨어 있는 단어를 모두 찾아 적는다.

답 아버지, 지구, 구십구, 구십구세, 십구세, 구세, 세상, 상관, 관여, 여호와, 와이파이, 파이, 이름, 이름표, 표창, 창대, 대지, 지축, 축복, 복잡, 복잡한, 한도, 도시, 도시민, 시민, 민족

② ①에서 오늘 성경 본문에 등장하는 단어에 동그라미 친다. 성경책을 참고해도 된다.

답 아버지, 구십구세, 여호와, 이름, 창대, 축복, 민족

③ 고학년은 ②에서 동그라미 친 단어들을 사용해 아브라함 이야기를 요약해 본다. 저학년은 활동지(설교 PPT) 빈칸에 알맞은 단어를 넣는다.

답 저학년 어린이용 활동지

[여][호][와]께서 아브람에게 "너의 고향과 친척과 [아][버][지]의 집을 떠나 내가 네게 보여 줄 땅으로 가라."고 말씀하셨어요. 뿐만 아니라 "너의 이름을 [창][대]하게 하리니 너는 복의 근원이 될 것이다. 너를 [축][복]하는 자에게는 내가 복을 내리겠다."는 약속까지 해 주셨답니다. 훗날 아브람의 나이가 [구][십][구][세] 되었을 때 여호와께서 다시 나타나 아브람에서 아브라함으로 그 [이][름]을 바꿔 주셨어요. 그리고 "내가 너를 여러 [민][족]의 아버지가 되게 하겠다."고 다시 약속해 주셨답니다.

모두 잘했어요. 오늘 배운 내용을 훨씬 잘 기억하게 되었을 거예요. 아브람을 아브라함으로 바꿔 주신 하나님의 약속과 은혜를 우리도 받아 누릴 수 있기를 기도해요.

활동 3 풍선 플래너

풍선을 이용해 짝꿍의 동작을 따라 해 봐요.

아브라함은 하나님의 계획을 믿음으로 따라갔어요. 우리도 아브라함처럼 인도하심을 따라가 볼까요? 앞사람의 동작을 똑같이 따라 하며, 하나님의 계획을 따른 아브라함의 마음을 느껴 봐요.

활동 방법

① 두 사람씩 짝을 짓고 마주 보고 선다. 가위바위보로 순서를 정한다.

② 첫 번째 어린이가 풍선을 머리 위로 던진 다음 땅에 떨어지기 전에 신체 세 부위로 풍선을 터치한다. (예 : 머리→오른쪽 어깨→왼발)

③ 두 번째 어린이는 풍선을 넘겨받아 앞의 어린이와 똑같이 따라 한다. 교사는 따라 해야 할 동작을 말해 줌으로 도움을 준다. (예 : "홍길동 어린이, 머리, 오른쪽 어깨, 왼발로 터치했습니다!)

④ 두 번째 어린이가 똑같이 해내면 1점을 얻고, 실패하면 첫 번째 어린이가 1점을 얻는다. 서로 역할을 바꿔가면서 3~5세트 정도 진행한 다음 합산한 점수로 승패를 가린다. 승리한 어린이에게 간단한 간식으로 시상할 수 있다.

⑤ 연령에 따라 터치할 신체 부위 수를 가감하여 난이도를 조절한다.

다른 사람을 따라 하는 일이 처음에는 어렵지만, 반복할수록 점점 익숙해지는 걸 느꼈을 거예요. 하나님이 인도하시는 대로 따르는 일도 처음에는 두렵고 어색할지 몰라요. 하지만 믿음으로 따르다 보면 나중에는 오히려 즐겁고 감동적인 시간을 경험하게 된답니다. 아브람이 아브라함으로 바뀌었듯, 우리도 놀라운 복을 받을 수 있을 거예요.

함께 기도해요

하나님, 아브라함처럼 우리도 하나님의 계획대로 인도해 주세요. 아브람이 아브라함으로 바뀌었듯, 우리도 하나님 안에서 복된 사람으로 쑥쑥 자라나길 원해요. 우리를 도우시고 이끌어 주세요. 예수님의 이름으로 기도합니다. 아멘.

02 6단원

두려워하지 마, 이스라엘!

배울 말씀 창세기 32장 24~30절

새길 말씀 그가 이르되 네 이름을 다시는 야곱이라 부를 것이 아니요 이스라엘이라 부를 것이니 이는 네가 하나님과 및 사람들과 겨루어 이겼음이니라 (창 32:28)

	활동명	활동 내용	준비물	시간
활동1	낱말 씨름	핵심 단어 파악하기	필기도구	5분
활동2	얍복 나루 배 만들기	퍼즐 맞추기	부록지, 필기도구	10분
	사전 준비와 TIP 퍼즐 맞추기 활동으로 성경 본문 내용을 재미있게 이해하게 한다.			
활동3	Before vs After **사진 찍기**	비교하여 사진 찍기	부록 스티커, 다양한 소품, 스마트폰, 하드보드지, 거울	10분
	목표 소품을 활용한 사진 찍기 활동으로 하나님을 만나기 전과 후를 표현하게 한다.			
	사전 준비와 TIP ① 하드보드지로 얼굴이 들어갈 정도 크기의 사진틀을 2개 만들고, 각각에 부록 스티커의 Before/After 팻말을 붙인다. ② 선글라스, 머리띠, 가발 등 다양한 소품을 활용한다. ③ 다양한 표정의 이모티콘을 준비해 따라 하도록 제시해도 좋다. ④ 카메라 앱의 연사 기능을 활용해 표정 변화 과정을 세밀히 찍는 방법으로 진행할 수도 있다.			

활동 1 낱말 씨름

씨름에서 이긴 낱말들을 찾아 빈칸에 알맞게 넣어 보세요.

야곱은 하나님과 씨름을 해서 이겼어요. 그래서 하나님께 새 이름을 받았죠. 오늘 배운 야곱 이야기를 기억하며 교재를 보세요. 이야기에서 들었던 익숙한 낱말들이 씨름을 하고 있어요. 어떤 낱말이 이겼을까요?

활동 방법

① 그림을 보고 씨름에서 이긴 낱말들을 찾아 빈칸에 알맞게 넣는다. 밑에 깔린 쪽이 진 낱말, 위에 올라탄 쪽이 이긴 낱말이다.
② 완성한 새길 말씀을 다 함께 소리 내어 읽는다.

그가 이르되
네 [이름]을 다시는 [야곱]이라 부를 것이 아니요
[이스라엘]이라 부를 것이니
이는 네가 하나님과 및 사람들과 [겨루어] 이겼음이니라
(창세기 32장 28절)

얍복 나루에서 씨름한 야곱처럼, 낱말 씨름의 승자를 찾았어요. 씨름에서 이긴 낱말들을 찾다 보니 어느새 오늘의 새길 말씀이 완성되었네요. 이 말씀을 꼭 기억해요.

활동 2 얍복 나루 배 만들기

퍼즐 조각을 맞춰서 배 안에 숨겨진 글자를 찾아보세요.

아버지와 형을 속이고 도망쳤던 야곱이 이제 얍복강만 건너면 형을 다시 만나게 돼요. 강을 건너기 전, 두렵고 떨리는 복잡한 마음의 야곱에게 하나님이 찾아오셨어요. 그 후 놀라운 일이 벌어졌답니다. 함께 퍼즐을 맞추며 오늘 말씀을 기억해 봐요.

활동 방법

① 부록의 퍼즐 조각을 모두 떼어낸다.

② ①을 교재의 배 모양 틀에 맞춰 배열하고, 각 조각을 앞뒤로 뒤집어 보면서 완성되는 글자를 모두 찾는다. (10개)

③ 찾은 글자들을 조합해서 말씀에 나온 단어를 만든다.

답 씨름, 야곱, 축복, 이스라엘

④ 고학년은 완성한 단어들을 사용해 야곱 이야기를 요약하여 발표한다. 저학년은 단어와 관련해 오늘 배운 내용이 무엇인지 발표한다.

씨 / 곱

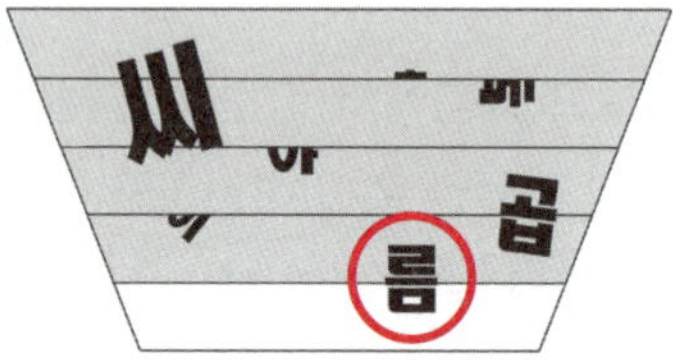

름

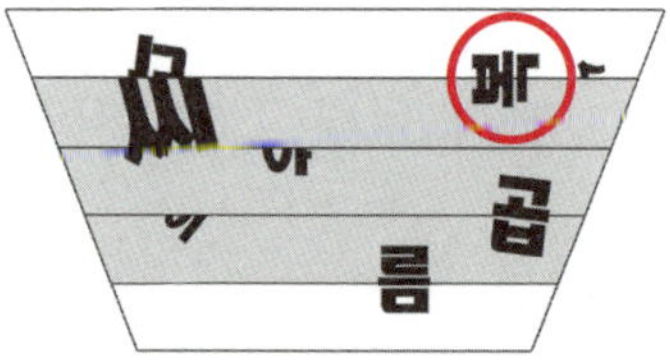

복

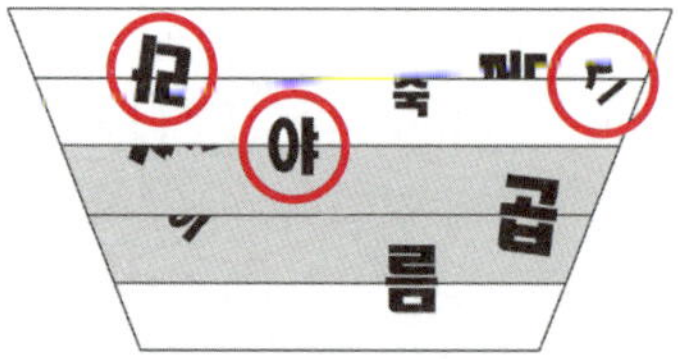

라 / 야 / 스

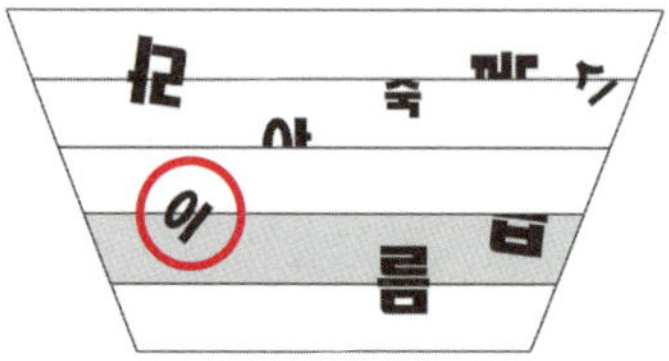

이

엘

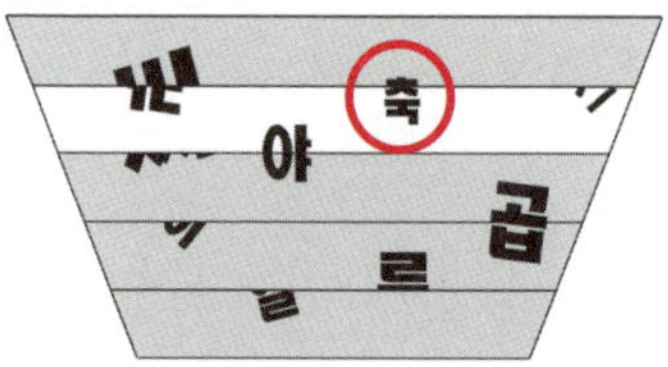

축

얍복 나루에서 벌어진 씨름은 야곱의 인생에서 결코 잊을 수 없는 중요한 사건이었어요. 우리 친구들도 야곱처럼 멋진 체험을 하는 하나님의 자녀들이 되도록 애쓰고 기도하면 좋겠어요.

활동 3 Before vs After 사진 찍기

나의 변화된 모습을 사진으로 찍어 봐요.

하나님을 만나고 이스라엘로 변화된 야곱을 사진으로 한번 표현해 봐요. 각각 Before 사진틀과 After 사진틀을 들고 어울리는 표정을 지어 사진으로 남겨 봐요. 누구의 표정 연기가 최고일지 기대가 되는데요?

활동 방법

① 거울을 보면서 하나님을 만나기 전 표정과 만난 뒤 표정을 상상하며 연습한다.
② Before 사진틀을 들고 하나님을 만나기 전의 표정으로 사진을 찍는다. 이후 After 사진틀을 들고 하나님을 만난 뒤 변화된 표정을 상상하며 사진을 찍는다. 교사가 먼저 시범을 보이면 활동에 대한 이해도를 높이면서 분위기를 즐겁게 유도할 수 있다. 다양한 소품도 활용한다.
③ 찍은 사진들을 다 함께 보며 최고의 사진을 뽑는다. 표정이 가장 확실하게 변한 사람에게 작은 상을 주어도 좋다.
④ 사진을 출력해 잘 보이는 곳에 일정 기간 전시한다.

얍복 나루에서의 씨름 이후 야곱의 삶은 완전히 달라졌어요. 이름부터 이스라엘로 바뀌었고, 하나님을 만난 강렬한 기억이 마음에 새겨졌잖아요. 하나님을 깊이 만나면, 전과 후가 확 달라진답니다. 우리도 하나님을 만나 확 달라진 삶으로 하나님께 영광 돌려요.

함께 기도해요

사랑의 하나님, 야곱이 이스라엘로 바뀐 것처럼 우리도 하나님 안에서 새로워지길 원해요. 우리를 만나 주시고 복 주시고 변화시켜 주세요. 분명하게 달라진 모습으로 하나님을 기쁘게 하는 어린이가 될래요. 예수님의 이름으로 기도합니다. 아멘.

03

6단원

나는 반석이 될 거야

배울 말씀 마태복음 16장 13~19절

새길 말씀 또 내가 네게 이르노니 너는 베드로라 내가 이 반석 위에 내 교회를 세우리니 음부의 권세가 이기지 못하리라 (마 16:18)

	활동명	활동 내용	준비물	시간
활동1	반석 미로	미로 찾기	필기도구	5분
활동2	OX 색칠하기	OX 퀴즈	필기도구, 색연필	10분
	사전 준비와 TIP 퀴즈를 통해 성경 본문의 내용을 정확히 이해하게 한다.			
활동3	반석으로 아름다워지는 교회	미술 활동	A4용지, 물감, 사각 바구니(또는 뚜껑 없는 상자), 돌멩이(인원수대로), 색펜, 종이 접시	10분
	목표 반석 같은 믿음이 모여 교회가 아름다워짐을 미술 활동을 통해 체험하게 한다.			
	사전 준비와 TIP ① 다양한 크기와 모양의 돌멩이를 인원수만큼 준비한다. ② 사각 바구니는 A4용지가 알맞게 들어가는 크기로 준비한다. ③ 여러 개의 종이 접시에 다양한 색 물감을 넉넉하게 짜 둔다. ④ A4용지에 색펜으로 교회 그림을 윤곽선만 그려 둔다.			

활동 1 반석 미로

미로를 통과하면서 새길 말씀을 완성해요.

베드로는 예수님께 '주는 그리스도시요 살아 계신 하나님의 아들'이라고 고백했어요. 예수님은 베드로의 고백을 듣고 "이 반석 위에 내 교회를 세우겠다."고 말씀하셨죠. 예수님의 말씀을 생각하며 미로를 함께 통과해 봐요.

활동 방법

① 왼쪽 위 화살표에서 시작해 미로 찾기를 한다. 갈림길에서는 반석 그림이 있는 쪽으로 이동한다.

② 찾은 길에 있는 자음과 모음을 모아 단어를 만들고, 빈칸에 올바른 순서로 채워 넣는다.

답 ㄱㅛㅎㅚ(교회), ㅅㅔㅇㅜㄹㅣㄴㅣ(세우리니), ㅂㅏㄴㅅㅓㄱ(반석)

③ 완성한 새길 말씀을 다 함께 소리 내어 읽는다.

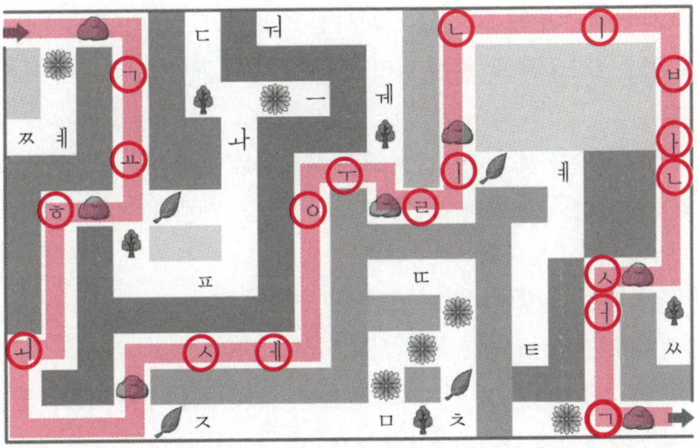

또 내가 네게 이르노니 너는 베드로라
내가 이 [반석] 위에 내 [교회]를 [세우리니]
음부의 권세가 이기지 못하리라
(마태복음 16장 18절)

예수님은 베드로를 '반석'이라고 불러 주셨어요. 베드로의 멋진 신앙고백에 마음이 기뻐셨거든요. 이 신앙고백이야말로 예수님이 기뻐하시는 교회의 든든한 바탕이랍니다.

활동 2 OX 색칠하기

오늘 배운 말씀을 기억하며 OX 퀴즈를 풀어 봐요.

예수님과 베드로 이야기를 잘 기억하고 있나요? OX 퀴즈를 풀면서 함께 확인해 볼까요?

활동 방법

① 10개의 OX 퀴즈를 순서대로 푼다.

② 함께 정답을 확인한다. 저학년은 본문 내용에 대한 이해도가 높지 않을 수 있으므로 교사가 문제마다 설명을 덧붙인다.

1. 오늘 말씀은 예수님과 세례 요한 사이의 대화이다. (X)
2. 오늘 말씀은 마가복음 16장에 기록된 말씀이다. (X)
3. 예수님은 "사람들이 인자를 누구라 하느냐."라고 물으셨다. (O)
4. 사람들은 예수님을 세례 요한, 더러는 엘리야, 어떤 이는 예레미야나 선지자 중의 하나라고 오해했다. (O)
5. 제자 시몬 역시 예수님이 예레미야나 선지자 중의 하나라고 생각했다. (X)
6. 제자 시몬은 예수님의 질문에 "주는 그리스도시요 살아 계신 하나님의 아들이시니이다."라고 대답했다. (O)
7. 제자 시몬의 신앙고백을 들은 예수님은 크게 꾸중하셨다. (X)
8. 제자 시몬의 신앙고백을 들은 예수님은 "내가 이 반석 위에 내 교회를 세우리니 음부의 권세가 이기지 못하리라."고 말씀하셨다. (O)
9. 베드로는 '바위', '든든한 반석'이라는 뜻이다. (O)
10. 오늘 말씀에 나오는 시몬과 베드로는 서로 다른 사람이다. (X)

③ 교재의 숫자 칸에서 정답이 O인 문제의 번호만 찾아 해당 칸을 모두 색칠한다.

④ '베드로'라는 글자가 나타나는 것을 확인한다.

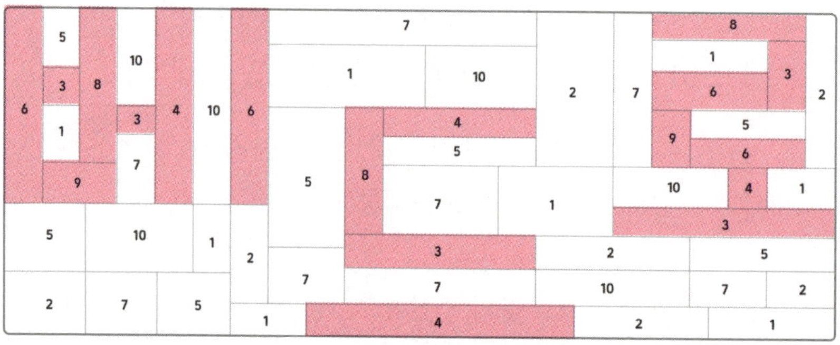

예수님과 베드로 사이에 오간 대화 내용을 퀴즈로 풀면서 잘 기억하게 되었을 거예요. 우리도 베드로처럼, 바른 믿음과 신앙고백으로 교회를 든든히 세워가는 반석 같은 그리스도인이 되기를 바라요.

활동 3 반석으로 아름다워지는 교회

작은 돌멩이로 교회를 아름답게 꾸며 봐요.

예수님은 베드로가 말한 믿음의 고백 위에 교회를 세우겠다고 하셨어요. 그래서 베드로에게 '반석'이라는 별명을 붙여 주셨죠. 오늘 말씀을 기억하며 작은 돌을 이용해 멋진 교회를 만들어 봐요.

활동 방법

① 각자 자신의 돌을 선택한 다음 원하는 색 물감을 묻힌다.
② 교회 그림을 사각 바구니에 넣고, 한 명씩 차례로 나와 자기 돌을 굴려서 교회 그림에 색을 입힌다.
③ 교회 그림이 충분히 칠해질 때까지 반복한 뒤, 채색된 그림을 함께 감상한다.
④ 다양한 모양의 교회 그림으로 반복해 진행할 수 있다.

베드로의 반석 같은 신앙고백이 교회를 든든히 세워갔듯, 우리 한 사람 한 사람의 믿음이 작은 반석이 되어 교회를 아름답게 할 거예요. 방금 우리가 그려낸 이 교회처럼 말이에요. 이 멋진 경험을 잊지 말기로 해요.

함께 기도해요

우리를 아름답게 하시는 하나님, 하나님을 향한 믿음을 든든하게 키워서 멋지고 훌륭한 교회를 만들어가게 해 주세요. 예수님이 기뻐하시는 아름다운 교회를 우리가 함께 세워가길 원해요. 우리를 사용해 주세요. 예수님의 이름으로 기도합니다. 아멘.

04

6단원

예수님의 이름들

배울 말씀 요한복음 4장 13~15절, 23~26절

새길 말씀 그들이 날마다 성전에 있든지 집에 있든지 예수는 그리스도라고 가르치기와 전도하기를 그치지 아니하니라 (행 5:42)

	활동명	활동 내용	준비물	시간
활동1	대사 퍼즐	글자 옮겨 적기	필기도구	5분
활동2	이름 사다리	사다리 타기 놀이	부록지, 필기도구	10분
	목표 사다리 타기 놀이를 통해 예수님 이름의 뜻을 알게 한다.			
활동3	이름 연결 놀이	이름 연결하기	연필, 지우개	10분
	목표 예수님의 여러 이름과 우리 이름을 자연스럽게 연결하여 친밀감을 느끼게 한다.			

활동 1 대사 퍼즐

예수님을 만난 세 사람의 말을 모두 합쳐 보세요.

예수님을 만난 사람들이 각각 어떤 말을 하고 있어요. 각 사람의 대사를 확인하고 같은 색깔 칸에 정확하게 옮겨 적어 새길 말씀을 완성해요.

활동 방법

① 사마리아 여인, 베드로, 어린이의 말풍선 속 대사를 읽는다.
② 어린이 그림에 자기 이름을 쓰거나 별명을 지어 준다.
③ 빈칸에 세 사람의 말풍선 대사를 모두 적되, 같은 색깔 칸에 한 글자씩 차례로 적는다.
④ 완성한 새길 말씀을 다 함께 소리 내어 읽는다.

그	들	이		날	마	다		성	전	에		있	든
지		집	에		있	든	지		예	수	는		그
리	스	도	라	고		가	르	치	기	와		전	도
하	기	를		그	치	지		아	니	하	니	라	

사마리아 여인　　　베드로　　　(　　　　)

예수님을 만난 사람들은 저마다 예수님에 대해 멋진 증언을 했어요. 우리도 오늘 말씀을 배웠으니, 이제 그들 못지않은 말로 나의 믿음을 고백하고, 다른 사람들에게 예수님이 누구신지 더 분명하게 전해 봐요.

활동 2 이름 사다리

사다리 타기를 하면서 예수님의 다른 이름을 찾아봐요.

성경에는 예수님을 가리키는 여러 이름이 기록되어 있어요. 사다리 타기를 하면서 자음과 모음을 합쳐서 어떤 이름들이 있는지 확인해 봐요.

활동 방법

① 부록의 카드(10개)를 모두 뜯어낸다.
② 사다리 위쪽 자모음 중 하나를 선택해 사다리 타기를 해서 아래쪽 자모음과 연결한다.
③ ②에서 연결된 아래쪽 자모음이 적힌 카드를 찾은 후 위쪽 자모음을 채워 넣어 글자를 완성한다. 예시처럼, 위쪽 자음 'ㄱ'과 아래쪽 모음 'ㅡ'를 조합해 보라색 글자 '그'가 된다.
④ 모든 카드를 완성한 후 색깔별로 번호 순서대로 늘어놓아 예수님의 다른 이름을 확인한다.
⑤ 카드를 뒤집어 각 이름의 의미를 함께 읽는다.

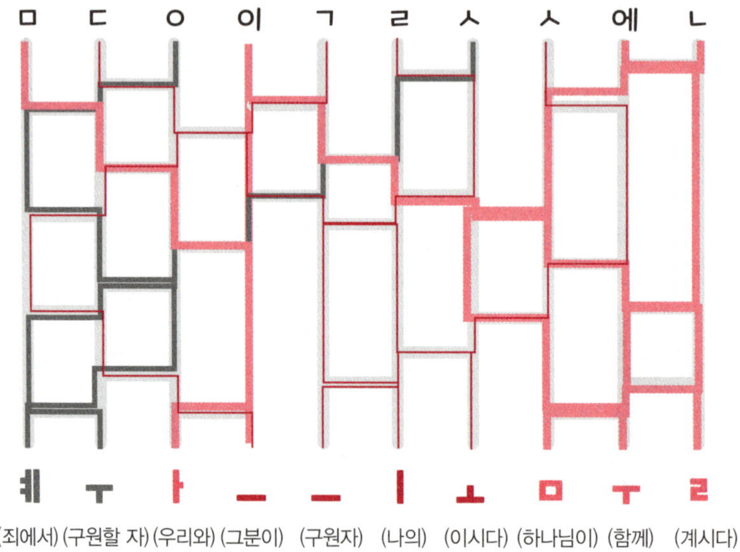

앞면	뒷면	앞면	뒷면
① 예	죄에서	② 수	구원할 자

① 임	하나님이	② 마	우리와	③ 누	함께	④ 엘	계시다
① 그	그분이	② 리	나의	③ 스	구원자	④ 도	이시다

예수님의 여러 이름에는 깊고 멋진 뜻이 있음을 배웠어요. 예수님의 이름을 부를 때마다 이 귀한 뜻을 떠올리면 훨씬 좋은 기도를 할 수 있을 거예요. 그러니 꼭 기억하기로 해요.

활동 3 이름 연결 놀이

예수님의 이름과 우리 이름을 연결해 봐요.

오늘은 예수님의 또 다른 이름들에 대해 배웠어요. 이번 활동에서는 예수님의 이름에 우리 이름을 연결해 볼 거예요. 예수님의 이름과 딱 달라붙게 겹치는 글자를 찾아 연결해 봐요.

활동 방법

① 두 팀으로 나누고, 각 팀이 사용할 교재를 하나씩만 정한다.

② 팀별로 표에 있는 4개의 이름(예수, 임마누엘, 그리스도, 하나님의 아들)과 겹치는 글자가 있는 이름을 쓴다. 자기 이름뿐만 아니라 친구, 이웃, 유명인의 이름 등 제한을 두지 않는다. 이름의 첫 글자나 중간, 마지막 글자 등 겹치는 글자가 있다면 어디든 연결할 수 있다. 상하좌우 대각선 모두 가능하다. 단, 이름은 한 번씩만 사용할 수 있다.

③ 제한 시간(약 5분) 동안 활동한 뒤, 이름의 개수를 세어 더 많이 적은 팀이 승리한다.

④ 어떤 이름들이 나왔는지 함께 확인하면서 그 이름에 관해 이야기를 나눈다.

⑤ 다른 어린이의 교재로 활동을 반복한다. 애니메이션 캐릭터 이름 쓰기, 성경 인물 이름 쓰기 등 특정 주제로 진행할 수도 있다.

					류	하	민				
에	릭	박		양		김	나	지	은	여	
브		서			채	지	요	님	강	호	
라		아	담	박	주	은			의	수	
임	리	히	이	김	예	수			진	아	
마		스	승		레	찬			산		들
누	라	기		곽	미	리	암			드	릴
엘	리	야	김	현	야	보		클	리		라
		곱	요	주		아		이	브		
			셉	그	리	스	도	마	가	누	

예수님의 여러 이름과 우리 이름이 절묘하게 연결되었어요. 이름뿐 아니라 우리 삶도, 우리 마음도, 우리 미래도 예수님의 귀한 이름들에서 절대 떨어지지 말아야 해요. 우리는 늘 예수님께 꽉 연결돼 있다는 사실을 믿고 언제 어디서나 당당하고 멋지게 살아가요.

함께 기도해요

예수님, 우리를 죄에서 구원해 주셔서 감사해요. 임마누엘의 주님이 우리와 언제나 함께 계셔서 든든해요. 주님이 나의 구원자, 그리스도이심을 믿어요. 날마다 주님을 사랑하며 주님의 제자라는 이름으로 살아가게 해 주세요. 임마누엘의 주 예수 그리스도의 이름으로 기도합니다. 아멘.